日本共産党第10回中央委員会総会

目次

日本共産党第29回大会決議案

目次

第1章　国際情勢と改定綱領の生命力

(1)深刻な逆流に抗して

①ロシアのウクライナ侵略——「国連憲章を守れ」での団結こそ解決の道

2022年2月に始まったロシアのウクライナ侵略は、世界の平和と進歩への大逆流をつくりだしている。

日本共産党は、この問題への対応の最大の基準に国連憲章と国際法をすえ、ロシアの無法を厳しく批判し、ロシア軍の即時撤退を求めてきた。アメリカのバイデン大統領などがふりまく「民主主義対専制主義のたたかい」という、「価値観」で世界を分断する主張を厳しく退け、「国連憲章を守れ」の一点で世界が団結し、侵略者を包囲することの重要性を訴え続けてきた。

ロシアの侵略は長期におよび、前途には困難と曲折が予想されるが、この問題の解決の道が「国連憲章を守れ」の一点での世界の団結にあることは、その後の情勢の展開でも明らかである。国連総会は、22年と23年に4度にわたって、ロシアの行動を国連憲章違反と非難し、ウクライナからの即時撤退を求める決議を、140カ国以上の賛成で採択した。2023

年9月にインドで開催されたG20首脳会議で、ロシアに対する名指しの非難は避けつつも、22年と23年の国連総会決議を「再確認」すると明記した首脳宣言が、アメリカ、ロシアともに受け入れて採択されたことは注目される。

大逆流のなかでも発揮された前向きの流れの根底には、20世紀に植民地支配から解放され独立国となった多くの国ぐにが、国連憲章を中心とした国際秩序をつくるうえで重要な役割を担っているという世界の構造変化がある。

第28回党大会で一部改定された綱領は、今日における国際秩序の対決の内容を、「国連憲章にもとづく平和の国際秩序か、独立と主権を侵害する覇権主義的な国際秩序かの選択が、問われている」と、より普遍的な形で明らかにした。また、「どんな国であれ覇権主義的な干渉、戦争、抑圧、支配を許さず」と明記した。さらに、「いくつかの大国で強まっている大国主義・覇権主義は、世界の平和と進歩への逆流となっている」と警告し、第27回党大会第8回中央委員会総会での綱領一部改定案についての提案報告（２０１９年11月）では、「ここでいう『いくつかの大国』で、主として念頭に置いているのは、中国、ロシアであります。中国、ロシアに現れた大国主義・覇権主義、米中、米ロの覇権争いとその有害な影響という角度も、綱領の世界論の視野に入れておく必要があります」と表明した。

これらの綱領上の規定は、ウクライナ侵略という大逆流に対して、わが党が冷静な道理ある対応を貫く土台となった。安倍政権がロシア・プーチン政権への屈従外交を行っていた２０１９年11月という時点で、ロシアの覇権主義の危険性を綱領で位置づけたことは、ソ連覇権主義との闘争以来のわが党のたたかいの歴史に支えられたものである。

②イスラエルのガザ攻撃の中止、即時停戦の合意を

イスラエルの大規模攻撃により、パレスチナ・ガザ地区の人道状況は、きわめて深刻な危機に直面している。イスラエル軍は、難民キャンプへの連続的な空爆をはじめ民間人に甚大な犠牲をもたらす空と陸と海からの大規模攻撃、電気、水、食料、医薬品の供給を妨げガザの人々を死の淵においやる封鎖、甚大な人道的災厄をもたらしている住民の南部への移動強要など、国際人道法に違反する戦争犯罪をおかし、子どもたちをふくむ多数の罪のない人々の命を奪っている。

国連の人権専門家からは、ガザの事態を「ジェノサイド（集団殺害）の重大な危険」と厳しく警告する声があがっている。イスラエルによる攻撃は、その規模と残虐さからみて、ジェノサイド条約（１９４８年）が固く禁じている集団殺害――ジェノサイドの重大な危険があることを強く指摘しなくてはならない。

今回のガザ危機の直接の契機は、10月7日のハマスによる無差別攻撃にあった。民間人を無差別に殺傷することは国際法違反であり、わが党はそれを厳しく非難するとともに、人質の即時解放を求めている。

同時に、こうした事態が起こった歴史的背景を踏まえて、いま起こっている事態をとらえることが重要である。イスラエルは１９６７年以来、ヨルダン川西岸とガザ地区を占領下におき、住民の強制排除を行いながら入植を拡大してきた。ガザ地区に対しては２００７年以来、封鎖政策をとり、「天井のない監獄」と呼ばれる非人道的状態をつくりだし、たびたびの空爆によって多くのパレスチナ人を殺害してきた。ここには力ずくで領土を拡大していこう

という地域覇権主義ともいうべき重大な問題がある。イスラエルが、ハマスの攻撃に対する「自衛権」をたてに、圧倒的な軍事力を行使した報復を行い、ガザでのジェノサイドを行うことは決して許されるものではない。

日本共産党は、中東和平のためには、国連の一連の決議でも確認されているように、①イスラエルの占領地からの撤退、②パレスチナ独立国家樹立を含む自決権の実現、③両者の生存権の相互承認という三つの原則を踏まえたとりくみが必要であることを一貫して主張してきた。

同時に、ガザの深刻な人道的危機の打開は一刻の猶予も許されない事態であることを考慮し、日本共産党は、11月6日、声明「ガザでのジェノサイドを許すな――ガザ攻撃中止と即時停戦に向けての各国政府への要請」を発表し、各国政府と国際機関に対して、①イスラエルはガザ攻撃を即時中止すること、②双方は、即時停戦のための交渉のテーブルにつくこと、少なくとも人道的休戦を求めた10月27日の国連総会決議を順守した行動をとること――2点の実現に向けて、緊急の行動をとることを要請した。

わが党の行動は、日本政府が、イスラエルの国際法違反の蛮行の批判をしようとせず、停戦も休戦も求めようとしないという米国の顔色をうかがう態度をとっているもとで、国際紛争解決の手段としての戦争を永久に放棄した憲法をもつ国の政党として、公正な解決方向を訴えたものである。この方向で事態の打開がはかられるよう、内外で力をつくす。

ウクライナ侵略とガザ危機という二つの国際問題に対して、「ダブルスタンダード」（二重基準）の対応をすることは許されない。アメリカは、ロシアによるウクライナ侵略を国際法違反としながら、イスラエルの国際法違反の蛮行を容認し、「自衛権」の名での無法な報復戦争を応援する「ダブルスタンダード」をとっている。ロシアは、自らのウクライナ侵略を正当化しながら、イスラエルの行動を国際法違反と非難している。どちらも道理のない態度である。綱領に明記しているように、どんな国であれ覇権主義は許さない、国連憲章と国際法を守るという一点での協力こそが平和をつくる道である。

③軍事対軍事の悪循環に反対し、包摂的な平和の枠組みを

ウクライナ侵略戦争に乗じて、アメリカは、ユーラシア大陸の東西で軍事ブロック強化を加速している。

欧州では、フィンランド、スウェーデンが北大西洋条約機構（ＮＡＴＯ）加盟に踏み切り、軍事同盟強化と大軍拡の一大逆流が起こっている。アジア・太平洋では、地域規模の多国間軍事同盟でなく、日米・米韓・米豪の2国間軍事同盟を軸に、日米韓、日米豪印（クアッド）などの排他的な枠組みをつくりあげ、台頭する中国に対抗する戦略を展開している。日本政府は、「自由で開かれたインド太平洋」（ＦＯＩＰ）を唱えつつ、日米軍事同盟強化と大軍拡をすすめ、ＮＡＴＯ加盟国を含む諸国と自衛隊の共同演習を拡大し、軍事ブロック強化に追従している。

アメリカによる軍事ブロック強化と、中国やロシアの軍事的対抗の強化が、世界と地域に、軍事対軍事の危険な悪循環をつくりだしている。

日本共産党は、軍事ブロック強化と軍事対軍事の悪循環に厳しく反対を貫く。軍事同盟のように外部に仮想敵を設けず、地域のすべての国を包摂する平和の枠組みをつくることこそ、世界と地域の平和を築く道である。対抗でなく協

力、排除でなく包摂こそが、平和の国際秩序をつくる原則とされなければならない。

（2）世界史の本流の発展——三つの分野で

改定綱領は、「植民地体制の崩壊と百を超える主権国家の誕生という、二〇世紀に起こった世界の構造変化は、二一世紀の今日、平和と社会進歩を促進する生きた力を発揮しはじめている」とのべ、その具体的なあらわれとして、核兵器禁止条約の成立、平和の地域協力の流れ、国際的な人権保障の発展をあげている。

逆流との厳しいせめぎ合いのなかで、これらの未来ある流れは、この4年間も着実な成長と発展をとげている。

①核兵器禁止条約の発効がもたらした変化——日本の進路が問われている

2021年1月、核兵器禁止条約が発効し、人類史上初めて、核兵器を違法化する国際法が誕生した。禁止条約の法的な規範力と、世界の諸政府・市民社会の力があわさって、「核兵器のない世界」への道をきりひらく新しい時代が始まった。

核兵器禁止条約の存在は、核兵器の使用を抑えるうえで大きな力を発揮している。今日の事態を1962年の「キューバ危機」以来の危機という指摘もある。当時、旧ソ連のキューバへの核ミサイル配備に対し、米国・ケネディ政権は核戦争の準備でこたえた。しかし、今日のロシア・プーチン政権の核兵器使用の威嚇に対して、公然と核による報復を表明することは、アメリカもNATOもできない。核兵器の非人道性を告発し、核兵器の使用と威嚇を禁止する規範として成立した核兵器禁止条約が、核保有国の手をきつく縛っているのである。

核兵器禁止条約の条文にもとづくとりくみが開始されている。禁止条約の第1回締約国会議では、条約6条と7条に定められた被爆者と核実験被害者への支援、環境修復の活動が議論された。すでに被爆者に対する聞き取りが開始されており、日本政府がこのとりくみに協力するのか、それを拒むのかが、鋭く問われている。

核兵器禁止条約が、核軍縮交渉に構造的な変化をもたらしている。核不拡散条約（NPT）は、五つの核兵器国だけが核保有を許されるという前例のない差別的枠組みとしてスタートしたが、世界の構造変化と人民のたたかいは、この枠組みの性格を核独占から核軍縮をめざすものへと大きく変え、その過程のなかから核兵器禁止条約が生み出された。核兵器禁止条約は、核不拡散条約第6条に規定された核軍備縮小・撤廃のための核兵器国の義務に強い光をあて、この枠組みがはらんでいた矛盾を解決し、それを「核兵器のない世界」に導く枠組みとするうえで大きな力を発揮している。

核兵器禁止条約が、核兵器による威嚇を禁止し、「核抑止」を否定したことは、世界の世論と運動への大きな励ましとなっている。2023年8月の広島・長崎の平和宣言では、「世界中の指導者は、核抑止論は破綻しているということを直視」すべき（松井一実広島市長）、「核抑止への依存からの脱却を勇気を持って決断すべき」（鈴木史朗長崎市長）など、「核抑止」論への痛烈な批判があいついで語られた。

こうしたもとで、唯一の戦争被爆国の政府が、「核抑止」の呪縛にとらわれ、核兵器禁止条約に背を向けていることは、恥ずべきことである。わが党は、日本が核兵器禁止条約に一刻も早く署名・批準することを強く求める。

②平和の地域協力の流れの前進と、日本共産党の「外交ビジョン」

改定綱領は、世界で形成されている平和の地域協力の流れのなかで、東南アジア諸国連合（ＡＳＥＡＮ）について、「紛争の平和的解決を掲げた条約を土台に、平和の地域共同体をつくりあげ、この流れをアジア・太平洋地域に広げていることは、世界の平和秩序への貢献となっている」と特記している。

ＡＳＥＡＮは、紛争を平和的な話し合いで解決することを義務づけた東南アジア友好協力条約（ＴＡＣ）を締結し、域内で年間１０００回にも及ぶ会合を開くなど、徹底した粘り強い対話の努力を積み重ね、この地域を「分断と敵対」から「平和と協力」の地域へと劇的に変化させてきた。

ＡＳＥＡＮは、こうした平和の地域協力の流れを、域外の諸国にも重層的に広げていくために一貫した努力をはかってきた。なかでもＡＳＥＡＮ10カ国＋８カ国――日本、中国、米国、韓国、オーストラリア、ニュージーランド、インド、ロシアによって構成される東アジアサミット（ＥＡＳ）が、毎年首脳会議を開催し、この地域の平和の枠組みとして発展していることは、重要な意義をもつものである。

その最新の到達点として、わが党が注目してきたのが、２０１９年のＡＳＥＡＮ首脳会議で採択された「ＡＳＥＡＮインド太平洋構想」（ＡＯＩＰ）である。この構想は、インド・太平洋という広大な地域を、東南アジア友好協力条約（ＴＡＣ）の「目的と原則を指針」として、「対抗でなく対話と協力の地域」にし、ゆくゆくは東アジア規模の友好協力条約をめざそうという壮大な構想である。

この４年間の進展で重要なことは、ＡＯＩＰが、構想の段階から実践の協力事業へと発展しつつあることである。とくに２０２３年９月、インドネシアで開催された東アジアサミットで、ＡＯＩＰの実践と主流化を支持する共同声明がまとめられたことは、この構想が東アジアに関連する諸国の共通の目標となったことを意味するものであり、その意義は大きなものがある。

日本共産党は、こうしたＡＳＥＡＮの着実な前進を踏まえ、改定綱領を指針として、２０２２年１月、東アジアに平和をつくる「外交ビジョン」を提唱し、そのために内外で力をつくしてきた。いま日本政府がやるべきは、破局的な戦争につながる軍事的対応の強化ではなく、ＡＳＥＡＮ諸国と手を携え、「ＡＳＥＡＮインド太平洋構想」（ＡＯＩＰ）の実現を共通の目標にすえ、すでにつくられている東アジアサミットを活用・発展させて、東アジアを戦争の心配のない地域にしていくための憲法９条を生かした平和外交にこそある――これがわが党が提唱してきた「外交ビジョン」である。この提案は、軍事同盟のように、特定の国を敵視・排除する排他的アプローチをとらず、地域に関係するすべての国を包み込む包摂的アプローチをとっていることが、とくに重要な点である。

ＡＳＥＡＮの経済的発展ともあいまって、ＡＯＩＰへの国際的支持が大きく広がるなかで、わが党の「外交ビジョン」のもつ意義と現実性が大きくなっている。その実現のために、ＡＳＥＡＮとの連携・協力の追求を含め、ひきつづきあらゆる力をつくす。

改定綱領では、ラテンアメリカでも、平和の地域協力の流れが形成され、困難や曲折を経ながらも発展していることに注目している。この点で、ラテンアメリカの33のすべての国が参加する中南米カリブ海諸国共同体（ＣＥＬＡＣ）

が、事実上の機能停止状態を抜け出し、２０２３年1月に第7回首脳会談を開き、再び機能し始めたことは重要である。ラテンアメリカの国ぐには、核兵器禁止条約の成立と発効に先進的な寄与をしており、今後、国連憲章にもとづく平和秩序の形成、核兵器廃絶、気候危機打開、貧富の格差の是正などの課題での活動が注目される。

③人権問題の前進、奴隷制と植民地支配の歴史的責任を明らかにする流れ

改定綱領は、世界の構造変化のもとで、人権の面でも国際的規模で大きな前進・発展の流れが起こっていることを明らかにしている。

ジェンダー平等を求める巨大なうねりが起きている。男女賃金格差の完全な解消をめざすＥＵの動き、アイスランドでの大規模な女性のストライキが起こり、スポーツ界でも男女同一待遇の声が上がっている。「中絶の禁止」という右派勢力に対する、セクシュアル・リプロダクティブ・ヘルス＆ライツ（性と生殖に関する健康と権利）を掲げた反撃、同性婚の法制化、性的マイノリティーへの差別禁止などは、国際連帯の大きなうねりをつくりだし、世界各国の政治を動かしている。女性や子どもへの暴力の根絶、女性に対する抑圧とのたたかいが、困難にも屈することなくとりくまれ、国際政治における重要課題と認識されている。今日の世界は「女性の世界史的復権」とも呼ぶべき時代、ジェンダー平等をあらゆる分野で貫く新しい時代を迎えている。

植民地支配と奴隷制度の責任を過去にさかのぼって明らかにし、謝罪を求める動きが、世界的規模で広がった。そのきっかけは、２０２０年5月にアメリカで起きた白人警官による黒人殺害を受けて強まった「ＢＬＭ（ブラック・ライブズ・マター）」運動であった。オランダ国王は、奴隷貿易の影響を調査する独立委員会の勧告に従い、奴隷制度廃止１６０周年の記念式典で「人道に対する罪について許しを請う」と謝罪した。ベルギー国王は、コンゴ民主共和国の独立記念日にあたり、植民地支配を「痛惜の念」と謝罪した。ドイツ政府は、植民地だったナミビアでの大虐殺を公式に認め謝罪するとともに、11億ユーロを拠出すると表明した。メキシコ大統領は、19世紀に先住民の「絶滅」を目的とした残虐行為があったとして謝罪した。オーストラリアでは、先住民の同化政策への賠償が決定した。カナダを訪問したローマ教皇は、カトリック教会によるカナダ先住民への虐待に対して謝罪した。

植民地体制の崩壊という世界の構造変化は、抑圧された民族の尊厳の歴史的回復へと、人権をめぐる国際規範を大きく発展させている。２００１年8月～9月に開催された国連主催の国際会議で採択された「ダーバン宣言」は、「植民地主義が起きたところはどこであれ、いつであれ、非難され、その再発は防止されなければならない」と宣言したが、それから20年を経て、人類史は着実な進歩の歩みを見せている。こうした世界の流れに照らしても、いまだに過去の侵略戦争と植民地支配への真摯《しんし》な反省を欠いた自民党政治のあり方が厳しく問われなければならない。

④公正な世界を求める「グローバルサウス」に注目し、連携する

深刻化する気候危機、新型コロナ・パンデミックは、途上国により大きな被害をもたらしてきた。発達した資本主義国が過去に排出した温室効果ガスによる気候危機、ワクチン格差、核実験による環境汚染と健康被害などの不正義に対して、「グローバルサウス」

とも呼ばれる途上国・新興国が公正な世界を求める声をあげている。

これらの国ぐには、主権国家として独立したのちも、長きにわたり植民地支配の負の遺産と苦闘し、その克服をめざしてきた共通性を持っている。大国主導の「秩序」を押し付ける干渉や支配に反対し、不公平な国際機関の代表権・発言権の改革をはじめ、先進国に有利で不平等なルールの是正、民主的な国際経済秩序などを求めている。それは全体として、植民地支配下で人間の尊厳を奪われてきた人々、国ぐにの権利回復を求める正当なものである。わが党は、「グローバルサウス」に注目し、可能な連携をはかっていく。

(3) 中国にかかわる綱領上の規定の見直しを踏まえて――この4年間のとりくみ

第28回党大会は、中国の覇権主義的な行動など国際政治における問題点を事実と道理に即して批判し、「社会主義をめざす新しい探究が開始」された国と判断する根拠はもはやなくなったとして、中国にかかわる綱領上の規定の見直しを行った。

①中国とどう向き合うか――前大会で確認した諸点をふまえて

同時に、今後の中国とどう向き合うかについて、①中国の「脅威」を利用して、軍事力増強をはかる動きには断固反対する、②中国指導部の誤った行動を批判するが、「反中国」の排外主義や歴史修正主義には厳しく反対する、③わが党の批判は、日中両国、両国民の真の友好関係を願ってのものである――という3点を強調した。その後の4年間、党は改定綱領の立場で中国への対応を行ってきた。

この4年間も、中国による覇権主義と人権侵害の行動は続いている。わが党は、尖閣諸島の領海や接続水域への中国公船の侵入・入域、中国周辺の広い海域を一方的に「管轄海域」とし、武器使用を含む強制措置など幅広い権限行使を可能とする海警法施行（２０２１年）などについて、国際法に照らして冷静な批判を続けてきた。香港の民主化運動への弾圧、新疆《しんきょう》ウイグル自治区での少数民族に対する抑圧や強制収容に対し、国際人権規約や「ウィーン宣言」など国際法に違反するとして批判を行ってきた。今後も、国際法に照らし、節度をもって言うべきことを言うという態度でのぞむ。

②「日中両国関係の前向きの打開のために」の提言について

同時に、わが党は、日中両国が緊張と対立をエスカレートさせ、万が一にも戦争になることは絶対に回避しなければならないと考え、２０２３年3月30日、日中両国政府に対して、「日中両国関係の前向きの打開のために」の提言を行った。「提言」では、①２００８年の日中首脳会談の「共同声明」で「双方は、互いに協力のパートナーであり、互いに脅威とならない」と合意していること、②２０１４年の日中合意で、「尖閣諸島等東シナ海の海域において近年緊張状態が生じていること」について、日中が「異なる見解を有している」と認識し、「対話と協議」を通じて問題を解決すると確認していること、③ＡＳＥＡＮが提唱する「ＡＳＥＡＮインド太平洋構想」（ＡＯＩＰ）に双方とも賛意を表明していることを指摘し、これらの「共通の土台」を生かして日中両国関係の前向きの打開のための外交努力をはかることを呼びかけた。

この「提言」は、日中間の緊張と対立のエスカレートを回避するために、わが党の独自の見解や立場を横におき、両国政府に受け入れ可能でかつ実効性のある内容となるようにまとめたものである。日本共産党の「提言」に対し、日本側（岸田首相）、中国側（呉江浩中国大使）ともに、肯定的な受け止めを表明したことは重要である。

この間、日中関係が悪化した原因は、日中双方にある。一方で、岸田政権が米国の対中国包囲政策に追随し、大軍拡を進めていることが両国関係の悪化の原因の一つになっている。他方で、中国による東シナ海や南シナ海での力を背景にした現状変更の動きが、両国の関係悪化の原因の一つであることも指摘しなければならない。「互いに脅威とならない」という首脳合意を今日でも重視するというならば、日中双方が、少なくともこうした行動をあらためることが必要である。

日本共産党は、「提言」の方向が実現するよう、国内外の世論を高めるとともに、可能な外交的努力を続けていく。日本共産党と中国共産党との関係は、両党関係が正常化された１９９８年に確認した党間関係の原則を順守し、問題点については節度をもって批判するという態度を貫きつつ、この地域の平和と安定のための緊急の課題での協力のための努力をはらう。

（４）野党外交と国際連帯――ユーラシア大陸の全体に

前大会以降、わが党は、ロシアのウクライナ侵略を厳しく批判し、即時撤退を求める活動を、国際会議での主張、各国の在日大使館への要請などの形で、多面的に展開してきた。アジア政党国際会議（ＩＣＡＰＰ）に参加するとともに、欧州の左翼・進歩諸党との新たな交流と連帯に踏み出し、ユーラシア大陸の全体に野党外交を広げてきた。

①アジア政党国際会議――総会宣言に「ブロック政治を回避」が明記

日本共産党は、２０２２年11月、トルコ・イスタンブールで行われたアジア政党国際会議第11回総会に、党代表団を派遣し、党の「外交ビジョン」の立場にたって、「いかにして戦争の心配のないアジアをつくるか」について発言し、「あれこれの国を排除して包囲するエクスクルーシブ（排他的）な枠組みではなく、地域のすべての国を包み込むインクルーシブ（包摂的）な平和の枠組みをつくる」ことの重要性を強調した。

総会が全会一致で採択した「イスタンブール宣言」には、「ブロック政治を回避することの重要性を強調し、競争よりも協力を強調した」、「紛争解決の唯一の道としての国際法に基づく対話と交渉」と明記された。「ブロック政治の回避」とは、「排除の論理をとらない」ということである。これは、わが党が主張している「外交ビジョン」の方向がアジアの政党の総意になったことを意味するものである。

こうした「宣言」が採択された背景には、アジアで起こっている平和への世界史的変動がある。アジアには、北朝鮮問題、米中の覇権争い、中東問題など、さまざまな紛争や緊張の火種が存在している。しかし、アジア大陸を20世紀から21世紀という長期のスパンで大局的にとらえるならば、「敵対と分断」から「平和と協力」への変貌という大きな世界史的変動が起こっていることは疑いない。アジアには、日米、米韓軍事同盟が存在しているが、ヨーロッパの北大西洋条約機構（NATO）のような多国間軍事同盟が存在していないことも重要な事実である。「イスタンブール宣言」は、そうした21世紀のアジアの姿を反映したものにほかならない。

②ヨーロッパ左翼・進歩諸党との新たな交流と連帯

前大会の綱領の一部改定では、「発達した資本主義国での社会変革は、社会主義・共産主義への大道である」という命題を書き込んだ。この見地をふまえ、党は、発達した資本主義国の左翼・進歩諸党との交流と協力を発展させるという新しい活動に踏み出した。

2022年11月、党は代表団を欧州6カ国に派遣し、7政党と会談、12月にはウィーンで開かれた欧州左翼党第7回大会に来賓として出席した。

これらの交流を通じて、①ウクライナ侵略、軍事ブロック強化と大軍拡に反対し、核兵器廃絶を求める国際平和の立場、②新自由主義とたたかい、世界中に危機を招いている資本主義の害悪を克服し、社会主義的な未来をめざす社会変革の立場などの一致点が確認されたことは、ユーラシア大陸をまたいだ連帯の強化として大きな意義がある。

野党外交によって、わが党は、欧州でのたたかいの経験と教訓を多面的に学ぶことができた。一方、欧州左翼党大会でわが党代表が、ASEANが進めるAOIPを紹介しながら、戦争による分断が進むもとでブロック政治に抗するたたかいの意義を語り、大きな反響をよんだ。

発達した資本主義国での社会変革は、特別の困難性を持つとともに、豊かで壮大な可能性を持った事業であり、その経験を相互に交流することは意義ある活動である。わが党は、欧米の左翼・進歩諸党・諸勢力との交流と連帯をさらに発展させていく。

第2章　自民党政治のゆきづまりと日本共産党の任務

（5）自公政権と国民との矛盾が極限に達している

岸田・自公政権への国民の怒りと不信がうずまいている。

何よりも物価高騰と暮らしの危機に対して、まともな方策を何一つ示せない「経済無策」への怒りが集中している。長期にわたる経済停滞と暮らしの困難によって、家計が疲弊し切っているもとに襲い掛かった物価高騰は、国民の暮らしにとりわけ深刻な打撃を与えている。ところが、岸田政権は、1回限りの「所得税減税」など、一時しのぎ・場当たり的な対策を繰り返すだけで、どうしたら暮らしがよくなるのか、経済の停滞を打開できるのか、希望ある打開策を何一つ示せない。

国民の声を聞かない「問答無用」の政治も、国民の怒りの大きな集中点となっている。憲法をふみにじる敵基地攻撃能力保有と大軍拡の強行、福島の原発事故の反省を投げ捨てた原発新増設と再稼働推進路線への大転換、沖縄県民の民意も地方自治も蹂躙《じゅうりん》する辺野古新基地建設の強行、健康保険証の廃止とマイナンバーカードの強制、小規模事業者やフリーランスへの実質的な消費税大増税となるインボイス制度の強行、日本学術会議の会員任命拒否をはじめとする学問の自由・大学の自治への乱暴な介入など、あらゆる分野で〝説明抜きの暴走政治〟が行われていることに対して、多くの国民の怒り、不信、批判が噴出している。

国民に深刻な被害をもたらしている統一協会に対し、政府が解散命令請求を行ったことは、世論におされての前進だが、半世紀以上に及ぶ自民党と統一協会との癒着関係を無反省のままフタをし続ける姿勢をとっていることを許すことはできない。

日本共産党は、各分野の国民の怒りの声を一つに集めて、岸田自公政権を退陣に追い込むために全力をあげて奮闘する。

ゆきづまった自公政権を延命させる役割を担っているのが、日本維新の会と国民民主党である。両党は、健康保険証廃止、原発推進、難民・外国人の人権を侵害する入管法改悪などに、ことごとく賛成し、改憲と戦争国家づくりをあおり、自民党、公明党とともに「悪政4党連合」をつくっている。

維新の会は党首が「第2自民党」を自認し、「改革政党」なる宣伝がマヤカシであることを告白した。大阪の維新政治は、2度にわたる住民投票での民意を無視した府市一元化政策のもと、大阪市の権限、財源、財産を府に差し出す地方自治破壊、多様な民意を切り捨てる大幅な議員定数削減、異常な競争と学校統廃合で「効率」と「成果」のみを追求する教育など、自民党政治以上の危険な姿をあらわにしている。同時に大阪のたたかいは維新の最大の旗印の「大阪都」を許しておらず、府民の大多数が反対するカジノ（ＩＲ）の強行と、大阪・関西万博への巨額の税金投入への批判は維新の最大のアキレス腱《けん》となりつつある。来たるべき総選挙で、日本共産党の躍進で「悪政4党連合」への厳しい審判を下そう。

暮らし・経済・平和に希望がもてる政治への根本的改革が求められる。岸田自公政権のゆきづまりの根底には、自民党政治の二つのゆがみ――アメリカいいなり、財界のもうけ最優先の政治のゆがみがある。二つのゆがみをもとから変え、「国民が主人公」の日本への改革をめざす日本共産党をのばすことが、希望のもてる日本をつくる道である。

(6)戦争の準備でなく、平和の準備を――「アメリカいいなり」からの脱却を

世界でも異常な「アメリカいいなり」の政治の暴走が、日本とアジアの平和と安定を脅かすとともに、日本国憲法とあいいれない限界点を超え、その根本的転換が強く求められている。

①アメリカいいなりの「戦争国家づくり」を許さない

アメリカ・バイデン政権は、2022年10月、「国家安全保障戦略」を策定し、中国に対する軍事的包囲網づくりのための「統合

抑止」を前面に掲げた。岸田政権は、これに呼応して12月、敵基地攻撃能力の保有と大軍拡を進める「安全保障3文書」を閣議決定し、5年間で43兆円の軍事費という大軍拡の道を突き進んでいる。

安倍政権は、2015年、安保法制＝戦争法を強行し、集団的自衛権行使＝「戦争国家づくり」の〝法制面〟の整備を行った。岸田政権の「安保3文書」は、敵基地攻撃能力保有と空前の大軍拡によって、〝実践面〟で「戦争国家づくり」を推進しようとするものである。

この1年のわが党の国会論戦をつうじて、岸田政権が進める大軍拡の恐るべき姿が浮き彫りになった。

――「安保3文書」には、「専守防衛に徹し、他国に脅威を与える軍事大国にならない」とあるが、それが全くの大ウソだったことが明らかとなった。いま敵基地攻撃兵器として購入・開発・生産が進められているのは、射程2千～3千キロにも及ぶ長射程ミサイルであり、音速の5倍以上で飛行する極超音速兵器である。これが「専守防衛」と両立せず、「他国に脅威を与える軍事大国」となることは明瞭である。

――「安保3文書」には、「自分の国は自分で守る」ことが強調されているが、これも全くの大ウソであることが明瞭となった。敵基地攻撃能力保有の最大の目的の一つは、米軍が主導する「統合防空ミサイル防衛」（IAMD）への自衛隊の参加にあるが、米軍はIAMDの基本原則に「先制攻撃」を選択肢とすることを公然と明記している。米軍が先制攻撃の戦争を開始した場合に、自衛隊が集団的自衛権を発動して参戦することになる。その結果は、報復攻撃による国土の焦土化である。

――政府は、これまで敵基地攻撃は、「他に全然手段がない」場合には「法理的には可能」だが、そういう事態は現実には起こりがたいのであり、「平生から他国を攻撃するような兵器」を持つことは「憲法の趣旨とするところではない」としてきた。「安保3文書」は敵基地攻撃能力の保有は憲法違反としてきた歴代政府の政府見解を、何の説明もなしに百八十度覆す立憲主義破壊の暴挙といわなければならない。

――「安保3文書」にもとづき殺傷武器輸出に向けた動きが、急ピッチで進んでいる。殺傷武器輸出の優先課題とされているのが日英伊で共同開発・生産する次期戦闘機の輸出である。ここに本格的に踏み込むならば、武器輸出を禁じてきた「国際紛争を助長しない」という憲法の平和理念は投げ捨てられ、日本は恐るべき「死の商人国家」へと堕落することになる。

――GDP2％を超える大軍拡が国民生活を破壊することは、火を見るよりも明らかである。「軍拡増税」は国民の怨嗟《えんさ》の的となっている。「歳出改革」の名で社会保障をはじめ暮らしの予算が軒並み削減されることも避けられない。政府は、軍事費に国債をあて、護衛艦や潜水艦まで国債でまかなうと公言しているが、この道は戦時国債の際限ない発行が侵略戦争の拡大を支えた歴史の過ちを繰り返すものにほかならない。〝軍事栄えて民滅ぶ〟の日本にしてはならない。

大軍拡を進める勢力は、「日米同盟の抑止力の強化こそ日本を守る力」と呪文のように繰り返している。しかし「抑止力」の本質は、「恐怖によって相手を思いとどまらせる」ことである。日本が相手国に「恐怖」を与えれば、相手国も日本に「恐怖」を与えることで応えようとするだろう。それは「恐怖対恐怖」「軍事対軍事」の悪循環を引き起こす、最も危険な道である。「抑止力が平和を守る」という議論は幻想である。

相手に「恐怖」を与えるのでな

く、「安心」を供与する外交こそ大切である。それを実践しているのが東南アジア諸国連合（ASEAN）の国ぐにであり、ASEANと協力して、東アジアを戦争の心配のない地域にする「外交ビジョン」を進めることこそ、憲法9条をもつ日本がなすべきことである。わが党が提唱している「日中両国関係の前向きの打開のために」の提言も、「互いに脅威とならない」などの両国の首脳合意を重視し、互いに「安心」を与える外交によって、両国間の平和と友好をつくっていこうというものである。

「戦争の準備でなく、平和の準備を」――日本共産党は、この立場を揺るがず貫き奮闘する決意である。

②タガがはずれた「米軍基地国家」の異常――沖縄との連帯を訴える

日本には戦後78年を経たいまも、日米安保条約のもとで、沖縄をはじめ全国に130もの米軍基地が置かれており、世界でも群を抜いた「米軍基地国家」とされている。

在日米軍は、世界でもその従属性が際立った日米地位協定のもとで、不当な特権をほしいままにしてきたが、この間の横暴ぶりは、地位協定でも説明がつかないようなタガがはずれたものとなっている。鹿児島県・馬毛島《まげしま》の空母艦載機訓練場など、新たな基地建設が強行されている。オスプレイをはじめ米軍機による超低空飛行訓練、危険な空中給油訓練、事件・事故の続発、有機フッ素化合物PFASの漏出など、在日米軍による被害が激化し、全国各地で住民の命と暮らし、健康が脅かされている。日米地位協定の抜本改定、米軍の特権的横暴の一掃は、急務である。

沖縄は、米軍基地による重圧の最大の焦点となっている。沖縄県民がいくどとなく示してきた民意を踏みにじり、辺野古新基地建設が強権的に進められている。大浦湾の軟弱地盤の改良工事での設計変更申請を不承認とした玉城デニー知事の当然の決定に対し、岸田自公政権は、行政不服審査の乱用など、あらゆる無法な手段で県に介入し、県に代わって設計変更を承認する「代執行」に向け提訴を行うという暴挙に出ている。

沖縄県の上告を退けた最高裁判決は、憲法が定める地方自治をないがしろにする不当なものであり、それを背景にした「代執行」もまったく不当なものだが、「代執行」は「放置することにより著しく公益を害することが明らかであるとき」に限定されており、「著しく公益を害して」いるのは誰かが厳しく問われることになる。

1996年の日米合意で普天間基地の返還を決めたが、「県内移設」を条件にしたため、この「世界一危険な基地」は、27年間、1ミリも動いていない。沖縄県民の民意に反して「県内移設」に固執してきた政府こそが「著しく公益を害して」いることは明らかである。この問題の解決法は、辺野古新基地建設を中止し、普天間基地の即時無条件撤去を求めて米国と正面からの交渉を行う以外にはない。

南西諸島では、米海兵隊の侵略的再編・強化と一体に自衛隊基地の大増強が行われている。長射程ミサイルの配備の最前線基地とされ、空港や港湾など公共インフラを軍事利用して「軍事要塞《ようさい》化」する企てが進行し、住民からは「沖縄を二度と戦場にしてはならない」という声が高まっている。かつて沖縄は「本土防衛の捨て石」とされ甚大な犠牲を被った。沖縄を再び「米国防衛の捨て石」にしてはならない。

「基地のない平和で豊かな沖縄」をめざす沖縄県民との連帯を心か

ら訴える。

③9条改憲を許さない――揺るぎない国民多数派をつくろう

岸田首相は、総裁任期（2024年9月）までの改憲を表明し、自民党、公明党、維新の会、国民民主党の「悪政4党連合」が憲法審査会を利用して改憲をあおっている。憲法9条改定をめぐる情勢の危険性を直視し、より本腰を入れたたたかいが必要である。

この間、集団的自衛権行使容認と敵基地攻撃能力保有という憲法9条を蹂躙する二つの暴挙が行われてきた。しかし、憲法9条は、なお平和を守る大きな力を発揮している。政府は、現在でも、集団的自衛権行使の条件について、日本の存立が根底から脅かされた事態（「存立危機事態」）に限られるとし、「フルスペックの（全面的な）集団的自衛権の行使はできない」ことを建前としている。「海外派兵――武力行使の目的をもって武装した部隊を他国の領土、領海、領空に派遣することはできない」ことも建前としている。

9条改憲は、対米従属のもとでの「戦争国家づくり」にとってのあらゆる制約を取り払うことにその目的が置かれている。それは、海外での集団的自衛権の全面的行使、海外派兵の全面的な自由化を可能とするものである。

戦後、自衛隊はただの1人も外国人を殺していない。ただの1人の戦死者も出していない。ここには平和を願う日本国民の世論とともに、憲法9条の大きな力が働いている。大多数の国民は、海外で戦争をしないという日本のあり方を、強く支持している。9条改憲の危険な狙いを広く知らせ、「憲法9条を守ろう」の世論と運動を、揺るぎない国民多数派にしていこう。

④異常な対米従属をどうやって打破していくか――「二重のとりくみ」を貫く

いま進められている空前の大軍拡も、タガがはずれた「米軍基地国家」も、憲法9条改定の動きも、その〝震源地〟となっているのは日米軍事同盟である。どうやって異常な対米従属を打破していくか。日本共産党は「二重のとりくみ」を貫いていく。

第一は、日米安保条約に対する賛成・反対の違いを超えて、緊急の課題の実現のために広く協力していくことである。集団的自衛権行使容認の安保法制廃止、敵基地攻撃能力保有と大軍拡を許さない、辺野古新基地建設反対、日米地位協定の抜本改正などで、安保条約の是非を超えた共同が広がっており、わが党は緊急の一致点での共同を広げるためにあらゆる力を注ぐ。

核兵器禁止条約も、軍事同盟からの脱退をその参加の条件にしていない。軍事同盟のもとでも「核抑止」から抜け出せば条約への参加は可能である。さらに締約国会議へのオブザーバー参加はすべての国に開かれている。「核兵器のない世界」の実現に向けても、軍事同盟に対する態度の違いを超えた共同を探求する。

わが党が提唱している東アジアに平和をつくる「外交ビジョン」、「日中両国関係の前向きの打開のために」の提言など、一連の緊急の外交提案も、日米安保条約廃棄を前提とせず、この条約のもとでも実行可能な方策として提唱しているものである。

第二に、日米安保体制の世界でも異常な危険性を告発し、日米安保条約を廃棄して、対等・平等・友好の日米関係をつくるための党としての独自の努力を、一貫して行うということである。

在日米軍が、日本防衛を任務と

した軍隊ではないこと、日本を根城にして世界的規模での干渉と介入を任務とした軍隊であるという基本的事実を広く明らかにしていくことは、大変に重要である。

さらに、軍事同盟のもとでは、アメリカが敵視する国とは、日本も敵対する関係になってしまうという根本的な問題がある。いまアメリカは、対中国戦略を軍事・外交・経済で一体につくり、それに日本を組み入れることを大戦略にしており、米中が軍事力の覇権争いを行うもとで、日本もその覇権争いに自動的に組み込まれるという事態が進行している。日米軍事同盟が平和をもたらさず、逆に日本を危険にさらすという本質をもっていることを、今日の大軍拡のかかわりでも明らかにし、日米安保条約廃棄の国民的合意をつくるために力をつくそう。

「二重のとりくみ」は、それぞれを真剣にとりくむことによって相乗的に進むという関係にある。日米安保条約廃棄の流れを強めることは、緊急の課題を実現するうえでの最大の推進力となる。他方、緊急の課題を実現することは、客観的には、日米安保条約廃棄の国民的多数派をつくる条件を広げることにもなる。

戦後、78年にもなって、沖縄が米軍基地に半ば占領された事態に置かれ、首都圏に巨大基地が存在し、米軍機が日本の空をわが物顔に飛び回り、日本政府はまともな規制ができない。こんな屈辱的な状態を、これから10年、20年先も続けて、何の痛みも感じない勢力には、国の独立も主権も語る資格はない。

日本共産党は、「二重のとりくみ」を相乗的に発展させることで、異常な対米従属を打ち破り、本当の独立国といえる日本をつくるために力をつくす。

(7)日本経済再生の道――「財界中心」の政治の転換を

①「失われた30年」――自民党政治がもたらした経済の停滞

物価高騰のもとでなぜ暮らしがこんなに苦しいのか。「失われた30年」ともいわれる、長きにわたる経済の停滞により、すでに暮らしが疲弊しきり、経済の先行きへの展望がもてないところへの物価高騰だからにほかならない。「失われた30年」は自然現象ではない。財界・大企業の利益のための「コストカット」を応援し続けてきた自民党政治によってもたらされたものである。

第一に、「人件費コストカット」である。目先の利益のためにコスト削減・人件費削減に走る財界の要求にこたえた労働法制の規制緩和――雇用破壊の政治が、非正規雇用を労働者の4割にまで広げ、低賃金構造を拡大・固定させるとともに、正社員の長時間労働をまん延させた。人間を「使い捨て」る働かせ方を広げ、働く人間の命と健康を脅かし、その家族にまで犠牲をもたらす長時間労働をはびこらせた結果が、大企業の目先の利益は増えても、実質賃金は下がり、経済成長ができない日本にしてしまった。

第二は、「法人税コストカット」である。大企業の税コスト削減のために法人税減税が繰り返され、大株主・富裕層への減税と優遇税制が続けられ、その穴埋めのために消費税の連続的な大増税が強行された。消費税増税は、その強行のたびに、家計消費を冷え込ませ、中小企業・小規模事業者に甚大な打撃を与え、景気悪化を深刻にし、労働者の実質賃金低下の深刻な要因ともなった。

第三は、「企業の社会保険料コ

ストカット」である。財界は、社会保障は経済成長の足かせになるとしてその削減を一貫して要求し、2000年代からは、高齢者人口の増加などにともなう社会保障費の自然増まで抑え込む異常な切り下げが開始され、医療・介護・年金など社会保障のあらゆる分野で果てしない制度改悪が繰り返された。

労働者の実質賃金は96年のピーク時から年64万円も減少した。日本経済の5割以上をしめる家計消費の落ち込みは、国内経済を停滞させ、国民1人あたりのGDP（国内総生産）は、G7でアメリカに次ぐ第2位だったものが、現在では最下位となった。

一方で、大企業は利益と内部留保を急膨張させた。30年間で大企業の売り上げは16％増にすぎないが、「税引き後の最終利益」は11倍となり、大企業の内部留保はいまや510兆円を超えている。10年間で180兆円も積み増したことになる。なかでも輸出で利益をあげる大企業は、内需がどれほど冷え込んでも巨額の利益を増やし続けており、日本経済に深刻なゆがみをもたらしている。

どれだけ大企業の利益拡大を応援しても、富は一部の巨大企業と富裕層に滞留し、国民の暮らしは苦しくなり、経済は停滞する。内需が低迷し、輸出頼みのいびつな経済構造をつくりだしている。これは多くの大企業の未来をも危うくしている。地域切り捨ての経済政策のもと、人口減少が加速し、顕著な働き手不足などで地域社会の維持が困難に直面している。岸田政権の「経済無策」は、この内閣に特有のものではなく、財界の目先の利益最優先の自民党政治が、日本経済のかじ取りの能力を失った姿をしめしているのである。

日本共産党は、2023年9月、「日本共産党の経済再生プラン――30年におよぶ経済停滞・暮らしの困難を打開するために」を発表し、「失われた30年」をもたらした自民党政治の抜本的な改革に切り込む政策提言を行った。

「再生プラン」で提唱した「三つの改革」――①政治の責任で賃上げと待遇改善をすすめる――人間を大切にする働き方への改革、②消費税減税、社会保障充実、教育費負担軽減――暮らしを支え格差をただす税・財政改革、③気候危機の打開、エネルギーと食料自給率向上――持続可能な経済社会への改革は、財界・大企業の利益最優先の政治のゆがみをただすという、党綱領路線にもとづく日本共産党ならではの提起であり、深刻な生活苦からの打開を求める多くの国民に希望を届ける内容となっている。

日本経済の再生への改革は、既得権益にしがみつく財界・大企業の抵抗をのりこえることで実現する。日本共産党は、企業・団体献金に無縁な党として、日本の経済の健全な発展を願う広範な人びととの共同を大きくひろげ、改革を一つひとつすすめていく。

②政治の責任で賃上げと待遇改善のための総合的改革にとりくむ

日本共産党の「経済再生プラン」の根本的立場の一つは、政治の責任で賃上げと待遇改善をはかる総合的改革を提案していることにある。賃上げと待遇改善は、政府も含め、どの党もいうことである。しかし、そのために政治の責任で何をやるのか。それを具体的に提案している党は日本共産党をおいて他にない。

中小企業、大企業の労働者の賃上げのためのパッケージの提案……最低賃金の時給1500円への大幅引き上げは、最も有効な賃上げ政策となる。そのカギは労働者の7割をしめる中小企業・小規模事業所への大胆な直接支援である。

わが党は、「アベノミクス」による大企業の内部留保の増加分に時限的な課税を行い、5年間で10兆円規模の財源をつくりだし、中小企業の賃金引き上げ支援にあてる政策を提唱している。課税のさいに適切な控除を設けることで、大企業で働く人の賃上げも促進する。「人件費コストカット」によって大企業の内部に蓄積されたため込みの一部を、政治の責任で、中小企業、大企業で働く労働者の賃金に還元し、経済の発展を促す抜本的方策である。

非正規ワーカー待遇改善のための立法提案……非正規ワーカーが急増し、2100万人を超えている。にもかかわらず、労働者としての権利を保護するルールが欧州に比べて著しく弱い。その賃金は正社員の67%、ボーナス等を考慮すると格差はさらに大きく、労働者全体の実質賃金低下の重要な要因となっている。非正規雇用の7割は女性であり、男女賃金格差の最大の要因ともなっている。

こうした事態を根本的に打開するために、党として「非正規ワーカー待遇改善法」を提案し、「細切れ・使い捨て」雇用をなくし雇用の安定をはかること、正規と非正規での賃金をはじめとする格差をなくすこと、ギグワーカーやフリーランスなど、実態は労働者であるにもかかわらず個人事業主として扱われ、労働者の権利が保障されていない人々に権利保障を行うことなどを提唱している。それは、労働者全体の賃金下落、正規と非正規の賃金格差、男女の賃金格差を深刻にしてきた、雇用における構造的問題点をただす、抜本的な提案となっている。

③格差をただし暮らしを守る税・財政の改革をすすめる

そもそも税・財政が果たすべき役割は、①国民の暮らしと営業を守ること、②負担能力に応じた税制と、社会保障制度による所得の再分配で、格差の是正をはかることにある。ところが、自民党政府は、この本来の役割を投げ捨て、まったく逆立ちした政策をすすめてきた。日本共産党の「経済再生プラン」は、「暮らしを守り、格差を是正する」という税・財政の本来の姿を取り戻す立場にたった抜本的改革を提案している。

消費税廃止をめざし緊急に5%に……物価高騰対策として、あらゆる物価を下げる消費税減税は最も有効である。所得の少ない人ほど負担が重い消費税を減税することは、税の公正という点でも、大きな前進となる。富裕層と大企業に応分の負担を求め、消費税を減税することは、「暮らしを守り、格差を是正する」うえで最も道理のある政策である。インボイス増税の中止は、小規模事業者やフリーランスの暮らしと営業を守るうえで、死活的急務となっている。

社会保障を安心の制度へ……医療・介護・年金・保育・障害者福祉・生活保護など社会保障の充実は、憲法25条が規定した国の直接の責務であり、「暮らしを守り、格差を是正する」うえでも、日本経済を良くするうえでも大きな意義をもつ。物価上昇に応じて「増える年金」にすることは、高齢者の暮らしを支え、地域経済の再生の力ともなる。医療・介護・保育などのケア労働者の賃上げは、ケアの質的向上を保障し、国民全体にとって大きな安心を提供することになる。社会保障が安心の制度となれば、将来不安からの貯蓄も消費にまわる。社会保障の充実こそが、経済の好循環をつくりだす。

重すぎる教育費負担の軽減……子育て支援、若者への支援として、重すぎる教育費の負担軽減が急がれる。教育の機会均等、給食費を含む義務教育の完全無償化は、憲法26条の要請である。日本の高等教育は、世界で最も「学費が高くかつ奨学金が貧困」であり、学生に深夜バイト、徹夜バイトを強い、その家族にも甚大な負担を強いている。高等教育の無償化は、日本政府の国際社会への公約である。ただちに学費半額、入学金制度廃止で、無償化への一歩を踏み出す。高学費政策によって、奨学金の貸付総額は10兆円にも及び、若い世代の困窮と将来不安の原因となっている。貸付総額の半分をただちに国が肩代わりする緊急策を進める。

日本共産党の財源提案の基本的な考え方……日本共産党は、「経済再生プラン」を実行するための責任ある財源提案を明らかにしている。それは、岸田自公政権が、財源の裏付けをまったく欠いた大軍拡への暴走、場当たり的なバラマキに終始し、財源問題への責任を放棄していることと著しい対照をなしている。

わが党の財源提案の基本的な考え方は、国民の切実な願いを実現する財源を生み出すとともに、「暮らしを守り、格差を是正する」という税・財政の本来の姿を取り戻すという立場に立っている。それは、①緊急的・時限的に必要とされる施策の財源は国債発行など臨機応変に対応する、②消費税減税、社会保障や教育などの恒久的制度のためには、「応能負担」にもとづく税制改革、財政の浪費の削減などによって、持続可能な財源を確保する、③国民の暮らしを第一にした積極的かつ健全な財政運営を行う――という三つの原則を貫いたものとなっている。

「借金が大変」などを口実に、消費税を増税したり、社会保障を削減したりする緊縮財政は、暮らしの破綻、景気の悪化、財政危機のいっそうの深刻化という悪循環をもたらすものとなり、わが党は厳しく反対する。借金が多少増えても、経済が成長していけば、借金の重さは軽くなっていく。暮らしを応援する積極的な財政支出によって、健全な経済成長をはかり、それを通じて借金問題も解決していく――積極的かつ健全な財政運営とはそうした意味である。

一部に、日本銀行に国債を引き受けさせれば借金をどんどん増やしても大丈夫という主張があるが、こうした主張は、高インフレを招き、国民の暮らしに壊滅的な打撃を与える恐れがある危険な政策である。政党が責任をもって訴えられる政策ではない。

④気候危機打開・原発ゼロ、食料とエネルギー自給率向上――持続可能な経済への改革をすすめる

世界情勢の変動によって、暮らしと経済の根幹であるエネルギーと食料を輸入にたよる脆弱《ぜいじゃく》さがあらわになっている。食料自給率を38％にまで低下させ、再生可能エネルギー普及は先進国で最低水準という自民党政治は、日本だけでなく世界に対しても大きな害悪をもたらしている。

気候危機の打開……気候危機は、自然災害の深刻化や農業・漁業への影響をはじめ、日本社会の各分野にも重大な被害を及ぼしている。23年9月の国連「気候野心サミット」で岸田首相は演説を準備したが、発言を拒否され出席できなかった。G7のなかで唯一、石炭火力発電からの撤退期限を示さず、大型石炭火力の建設を続ける日本政府は、国際社会で発言する資格がないとみなされたからである。

２０３０年まで残された時間は多くない。２０１０年比で5～6割のCO_2削減という目標、すでに確立している技術を活用した具体的戦略、排出量の多い企業との協定などに直ちに踏み出すことが強く求められる。日本共産党の「気候危機打開２０３０戦略」（２０２1年9月発表）に本気でとりくむことが、国際社会におけ

る日本の責務である。

再エネ・省エネの普及は、「コスト」ではなく未来への投資である。省エネ・再エネへの大胆な投資を進め、新たな雇用をつくることは、地域に根差した持続可能な経済の発展にとっても豊かな可能性のある道である。

異質の危険をもち、最悪の高コストで、「核のゴミ」を増やし続け、再エネ普及を妨害する原発頼みをただちにやめ、脱炭素・原発ゼロの日本をつくる。

食料自給率を向上させる……国際情勢、異常気象、世界的な食料危機は、「食料は輸入すればよい」という無責任な政策がいよいよ通用しない時代となったことを示している。食料自給率38%という異常事態を打開し、50%への引き上げを緊急の目標とし、輸入自由化路線の転換、食料主権の回復をはかる。農家の所得に占める補助金割合は、ドイツ77%、フランス64%に対し、日本はわずか30%にすぎない。価格保障・所得補償を抜本的に強化することを農業政策の柱にすえ、予算を大幅に増やして、農業を基幹産業として再生する。

(8)人権後進国から先進国に――政治の責任が問われている

①ジェンダー平等実現へ――運動と連帯し、政府を追いつめよう

ジェンダー平等は、この数年で、大激動とも言うべき歴史的変化が起こっている。

男女の賃金格差の解消に向けて、格差を企業に公開させる制度が実現し、格差是正の一歩が踏み出された。性暴力根絶に向けて刑法が改正され、不同意性交等罪が創設された。パートナーシップ制度のある自治体は、人口の7割に達した。同性婚や性別変更の手術要件をめぐって、憲法にのっとり、当事者の権利を認める画期的な司法判決が続いている。選択的夫婦別姓を求める運動、LGBTQ+など多様な性を認め合う社会に向けた動きが大きな流れとなっている。「生理の貧困」が社会的な運動となり、学校や公共施設などに無料で生理用品を置くとりくみが進んでいる。セクシュアル・リプロダクティブ・ヘルス&ライツに関する運動は、経口中絶薬の承認など、女性の権利を尊重した安全な中絶へと政治を動かしている。

世界とも呼応した日本の運動の高まりに対し、日本政府は、運動に押されて動かざるをえないという状況がつくられている。しかしなお、日本が「ジェンダー不平等」の不名誉な地位を占めているという現状を変えるにはいたっていない。世界の圧倒的多数の国が、ジェンダーギャップ指数を改善しているもとで、日本は男性を1として女性は0・6のまま全く改善されていない。世界の発展からとり残されている。一部の極右的な人々からジェンダー平等に対する「バックラッシュ」（揺り戻し）も起こされており、その克服は重要である。女性差別撤廃条約を、あらゆる分野で具体化・実施させていくために、条約の実効性を強化する選択議定書の早期批准は急務である。

こうした歴史的変化にてらしても、日本共産党が、２０２０年の第28回党大会で綱領を一部改定し、世界の構造変化のもとで、「ジェンダー平等を求める国際的潮流が大きく発展し、経済的・社会的差別をなくすこととともに、女性にたいするあらゆる形態の暴力を撤廃することが国際社会の課題となっている」と明記し、日本

の民主的改革の主要な内容の一つに、「ジェンダー平等社会をつくる」「性的指向と性自認を理由とする差別をなくす」と明記したことの意義は、きわめて大きなものがある。

党大会での綱領一部改定報告では、全党討論を踏まえて、「ジェンダーとは何か、男女平等と違うのか」について踏み込んで党の立場を明らかにするとともに、「日本の著しい遅れの原因はどこにあるのか」について、財界・大企業の責任、戦前の男尊女卑を当然視する勢力の存在という二つの問題を指摘し、ジェンダー差別のゆがみをただすたたかいを呼びかけた。さらに、「日本共産党としてどういう姿勢でのぞむか」と問いかけ、「学び、自己改革する努力」の重要性を訴えた。大会の結語では、過去、「赤旗」に掲載された論文などで、同性愛を性的退廃の一形態だと否定的にのべたことについて、全党討論を踏まえて、間違いであったことを表明し、党としての反省を明らかにした。

わが党は、党大会の決定を踏まえ、党活動のなかでもジェンダー平等を貫く努力を重ねてきたが、なおそれは途上にある。女性の議員・候補者をさらに増やし、女性幹部を思い切って抜てきすることを含めて、さらなる努力をはらっていく。

ジェンダー平等、多様性を尊重する社会、一人ひとりが自分らしく生きることのできる社会でこそ、一人ひとりの力が豊かに発揮され、経済社会を発展させることが可能となる。ジェンダー平等を阻むものは何か、その根源を明らかにし、逆行する勢力を包囲する連帯を広げよう。

②子どもの権利が保障される日本に――子どもの権利条約の具体化・実施を

子どもの権利条約の批准から、2024年で30年を迎える。しかし、日本政府は権利条約の実施に全く無関心の姿勢を取り続けている。

いじめ、不登校は増加傾向を続け、日本の子どもたちの「自己肯定感」は、国際比較で顕著に低く、10代の自殺率の高さは世界のなかで際立っている。これらは、日本の子どもたちが、強いストレス状態にあることを示している。

国連子どもの権利委員会は、「過度に競争的な教育システムが子どもの発達の障害」をもたらしているとの勧告を日本政府に繰り返しているが、日本政府は「拘束力はない」などと聞く耳を持たない。それどころか、自民党政治は、全国学力テストを悉皆《しっかい》調査とすることへの固執をはじめ、学校と子どもたちを競争教育へと駆り立てている。政府は、学校の校則についてさえ、子どもの意見表明権を認めていない。教職員の深刻な長時間労働を背景にした教員不足など、政府の貧弱な教育政策は、子どもの学ぶ権利を奪っている。

子どもの貧困も深刻であり、ひとり親世帯では2人に1人が貧困状態にある。子どもに対する虐待も大きな社会問題である。子どもの貧困の解決をはじめ、子ども施策の充実を求める運動により、自民党政治は、子ども予算の倍増をかかげ、こども家庭庁を発足させたが、予算倍増にはほど遠い現状にある。

半世紀にわたって、数百人におよぶ子どもへの性加害が行われたことは断じて許されない。メディアをふくむ関係者をはじめ、社会全体から黙殺されてきたという異常な事態も明らかになった。そのほかにも子どもに対する性加害が頻発しており、その根絶や包括的性教育の推進は、日本社会の重大な課題である。

子どもへの差別の禁止、最善の利益、生存と発達の権利、子どもが意見を表明し尊重される権利

――子どもの権利条約の「四つの原則」を子どもに関わる全ての施策、社会全体にゆきわたらせるために力をそそぐ。

③あらゆる分野で人権が尊重をされる日本を

――（障害者）旧優生保護法（1948～96年）のもとで、障害者に強制的に不妊手術を行っていたことは、日本における戦後最大の国策による人権侵害である。約2万5千人に不妊手術が行われたとされており、被害者が謝罪と賠償を求め提訴し、「優生手術」は違憲として、国に賠償を命じる司法判断が示されている。政府は、被害者と向き合い、深刻な国による人権侵害を認め、謝罪と賠償を行うべきである。

同法は、1948年の成立と翌年の改定、52年の「優生手術」の範囲を精神障害者に拡大する改定ともに、全会一致で進められた。わが党は、2018年に、誤りを是正することへの「不作為の責任」があったと表明したが、党史『日本共産党の百年』では、党の責任は「不作為」にとどまらず、旧「優生保護法」の成立と改定に賛成したという重大な誤りがあったことを明記した。優生思想で障害者を選別し、排除する社会をただすとりくみを強め、全ての人の権利と尊厳が守られる社会の実現へ全力をつくす。政策決定の場への当事者参加を原則とし、障害者権利条約にもとづいた施策の実施を求める。

――（外国人）出入国管理局（入管）の収容施設で、スリランカ人女性が適切な医療を受けることもできずに死亡した事件を契機に、国の収容施設で外国人への深刻な人権侵害が横行している実態が明らかとなった。いわゆる非正規滞在となった外国人を犯罪者扱いして、長期収容、暴行、懲罰を行うことは、国際人権規約をはじめとする国際人権法にも反するものである。難民認定申請に対する認定率は、欧米諸国と比べ桁違いに低い。2023年の入管法改定でも、国連拷問禁止委員会などから厳しく批判されてきた長期収容への上限設定や司法審査は見送られ、難民認定申請中の強制送還を可能にするなどの改悪が強行された。

難民条約、国連難民高等弁務官事務所（UNHCR）の基準などの国際人権法を順守し、法務省から独立した難民認定機関の設置など抜本的な入管法改正、入管庁改革が早急に求められる。

今日の日本の入管制度の反人権的な根源には、戦前の問題がある。戦前、出入国管理は、内務省が管轄し、植民地支配のもとに置かれていた朝鮮や台湾の人々を取り締まりと弾圧の対象とし、その担い手は特高警察だった。戦前の入管制度への無反省、植民地支配への無反省という政治のゆがみを正すことが必要である。

――（先住民）2007年に「先住民族の権利に関する国連宣言」が採択され、先住民に対する同化政策への謝罪、権利回復する動きが広がっている。日本では2019年、初めてアイヌを先住民族と規定する「アイヌ施策推進法」が成立した。アイヌの権利擁護、生活向上のたたかいにつながるものだが、政府のアイヌ民族への謝罪がなく、先住民族の権利（自決権、土地権、生業の権利など）の規定がないなど、国際水準にてらし弱点を残している。

わが党は、改定綱領で、国際的な人権保障の発展として、「先住民への差別をなくす」ことを位置づけて以降、北海道を中心にアイヌ民族との対話、シンポジウム、国会論戦など、先住民族の権利を回復するとりくみを強めてきた。アイヌ民族の参加を保障しながら、国連宣言に沿った先住民の人権尊重への前進のためのとりくみの強化をはかる。

（9）国民運動と統一戦線の発展のために

①各分野の国民運動の新しい発展の流れ

この間、各分野の国民運動の新しい発展の流れが起こっている。

労働組合が、ストライキに立ち上がっている。2023年の「国民春闘」では、全国140カ所の国立病院で、病院の機能強化と大幅増員を求めて31年ぶりとなるストライキを決行した。全労連加盟組合では372組合が435回、前年の3倍となった。西武・そごうデパートの「買収方針撤回」を求めるストライキが行われ、理化学研究所では、非正規雇用の雇い止め撤回を求めてストライキがたたかわれた。ストライキは憲法に保障された労働者の権利であり、日本社会を「労働者の生活と権利をまもるためにはストライキが当たり前の社会」にしていくことが求められている。

「戦争国家づくり」に反対し、憲法を守り生かす運動に、新たな前進の機運が生まれている。コロナ危機を乗り越えて開催された2023年5月3日の憲法大集会は、2万5千人が集まり、熱気あふれるものとなった。「九条の会」が、全国交流集会など草の根の運動を交流しながら、粘り強く運動を前進させている。

コロナ危機の自粛への補償をもとめ、音楽・文化・芸術分野などで新しい運動が広がった。インボイス中止では声優・アニメーターが立ち上がり、業者運動とも連帯して、史上最高のオンライン署名を集めた。入管法改悪反対、気候マーチ、ジェンダー平等をめぐる多様な運動は、若い世代が先頭にたっている。イスラエルのガザ攻撃に対し、「子どもを殺すな」と多くの市民が声をあげている。自発性、創意性を大切にしてたたかいを広げていることも、この間の注目すべき変化である。

国民の要求運動を発展させていくうえで、労働者、業者、医療、農漁民、女性、青年などの各層・各分野における自覚的民主勢力の役割は大きいものがある。自覚的民主勢力に結集する運動団体は、市民の自発的な運動を下支えし、交流と信頼を深め、運動と共闘の発展に大きな貢献をしてきた。さらなる活動の発展、組織的前進がつよく期待される。

党は、国民運動に参加するさいに、切実な要求の実現、運動を担う組織の前進・強化、結びつきを生かした党勢拡大、市民的モラルを大切にする——などの原則を重視して、その発展のために奮闘する。

多様な要求運動を、自民党政治を変える統一戦線に結集することが求められる。革新懇運動が、草の根から要求にもとづく多彩な共同のとりくみをすすめるとともに、自民党政治を根本から変える「三つの共同目標」（①日本の経済を国民本位に転換し、暮らしが豊かになる日本をめざす、②日本国憲法を生かし、自由と人権、民主主義が発展する日本をめざす、③日米安保条約をなくし、非核・非同盟・中立の日本をめざす）を掲げて、国民多数の合意をつくるために奮闘していることは、きわめて重要である。全国には、652（地域革新懇557、職場革新懇76、青年革新懇19）の革新懇、その他、47都道府県革新懇、23の革新懇準備会が活動し、知識人、無党派の方とも共同を広げている。党綱領は「統一戦線は、反動的党派とたたかいながら、民主的党派、各分野の諸団体、民主的な人びととの共同と団結をかためることによってつくりあげられ、成長・発展する」と明記している。今日の情勢にふさわしく、革新懇運動のさらなる成長・発展へ、力をそそごう。

②「市民と野党の共闘」の到達点と展望

日本共産党は、2015年、安倍政権が進めた「戦争法」＝安保法制に反対する国民的たたかいの高揚のなかで、同年9月19日、「戦争法（安保法制）廃止の国民連合政府」を提唱し、野党の全国的規模での選挙協力を呼びかけた。党が、共闘の道に踏み出したことは、「政治を変えたい」という多くの国民の期待にこたえるものであり、大義ある選択だったと確信する。

それから8年、「市民と野党の共闘」の到達点と展望をどうとらえるか。

第一に、「市民と野党の共闘」は確かな成果をあげてきたという事実を確認することが大切だと考える。2016年と19年の参院選では、全国32の1人区すべてで野党統一候補を実現し、16年には11の選挙区、19年には10の選挙区で勝利をかちとった。2017年の総選挙は、「希望の党」による共闘破壊の大逆流が起こるもとでも、共闘を守り抜き、32の小選挙区で共闘勢力が勝利した。2021年の総選挙は、共通政策、政権協力、選挙協力の合意をつくり、政権交代に正面から挑戦し、激しい攻撃のなかでも、59の小選挙区で勝利をかちとった。この8年間、課題や弱点を抱えながらも、共闘が確かな成果をあげてきたことは誰も否定できない事実である。

第二に、「市民と野党の共闘」の発展のためには、共闘に対する攻撃に対して、野党がともに、力を合わせて反撃することが不可欠であるということである。21年総選挙では、政権を失う恐怖にかられた自公と補完勢力が、「安保・外交政策が違う政党が組むのは野合」、「（自公の）自由民主主義政権か、共産主義（が参加する）政権かの体制選択選挙」などと、「共産党と協力するな」という激しい攻撃を行った。こうした攻撃に対して、野党が、共闘の大義、新しい政治の魅力を正面から訴え、力をあわせて反撃の論陣を張るまでには至らなかったことは、大きな弱点だった。激しい共闘攻撃、反共攻撃は、支配勢力の側が、「市民と野党の共闘」が政治を変える現実的な力であることを認識し恐れている証しである。ひるまず、力をあわせて打ち破ってこそ、政治を変える展望がひらかれる。

第三に、日本共産党が党勢でも、選挙でも躍進することが、直面する困難を克服し、共闘を再構築する決定的な力となる。この8年間、どんな困難な局面でも共闘を諦めず、「市民と野党の共闘」を前に進めるために力をつくしてきた政党が日本共産党である。自民党政治をもとから変える政治的展望と、一致する要求で国民多数を結集する統一戦線の力で政治を変えることを、綱領で明記している党である。地域、職場、青年・学生のなかに草の根の組織をもち、国民と広く結びついている党である。だからこそ、共闘攻撃の矛先はわが党に向けられている。日本共産党を大きくすることは、今日、野党共闘が直面する困難を克服し、前進を保障するうえでも最大の力となる。

(10) 総選挙と地方選挙をたたかう方針について

①総選挙の歴史的意義と目標について

来たるべき総選挙は、平和・暮らし・民主主義・人権など、日本のあり方の根本が問われる選挙となる。内政では、日本経済に「失われた30年」をもたらした財界中心の経済政策を続けるのか、日本共産党の「経済再生プラン」が指し示す抜本的な改革を実行するのかが大争点となる。外交では、アメリカいいなりの大軍拡で「戦争国家づくり」をすすめるのか、それとも日本共産党の「外交ビジョン」の方向で平和を構築するのかが鋭く問われる。自民・公明とその補完勢力が多数をしめる「国民の声が届かない政治」か、「市民と野党の共闘」で「市民の声が生きる政治」に変えるのかが問われる。

自民党政治のゆきづまりを打開し、国民が希望の持てる新しい政治をつくる最大の力となるのは、政治を「もとから変える」変革の党――日本共産党の躍進であり、総選挙では、その実現を最優先の課題とし、最大の力を集中したたたかいを行う。

来たるべき総選挙で躍進をかちとることは、2021年総選挙から始まった支配勢力の激しい反共攻撃を打ち破り、次のステージへと向かううえでも大きな意義をもつ。比例代表が軸となる総選挙で、日本共産党の躍進を必ずかちとり、この間の反共攻撃とのたたかいに決着をつけよう。

総選挙では、比例代表での躍進を中軸にすえ、「650万票、10％以上」の獲得、すべての比例ブロックでの議席獲得と議席増をめざす。小選挙区では、沖縄1区の「オール沖縄」の「宝の議席」を必ず守り抜くとともに、小選挙区でも勝利できる党への成長・発展を戦略的目標にすえ、議席増をめざす。比例代表選挙での党躍進のためにも小選挙区で党候補者を積極的に擁立する。

「市民と野党の共闘」は、共闘攻撃によって重大な困難が持ち込まれているが、共闘の再構築のために可能な努力を行う。同時に、日本共産党の躍進こそ、共闘の再構築にとっても最大の力となることを訴えぬく。

25年参院選では、「比例を軸に」を貫いて、改選議席の絶対確保、比例代表での議席増をめざす。選挙区選挙では、東京、埼玉、京都の現有議席を絶対に守り、複数選挙区での議席増をめざす。

②どういう政治姿勢でたたかうか――二つの姿勢を堅持して

総選挙は、次の二つの政治姿勢を堅持してたたかう。

第一に、国民の切実な願いと結びつけて、異常なアメリカいいなり、財界・大企業の利益最優先という日本の政治の二つのゆがみを「もとから変える」――わが党の綱領的値打ちを太く押し出した論戦を展開する。自民党政治のゆきづまりのもとで、国民の切実な願いを実現するために、綱領路線にこそ希望があることをおおいに語りぬく。

第二に、支配勢力によるわが党の綱領と組織のあり方に対する攻撃を打ち破って、党への丸ごとの支持を広げ、積極的支持者を増やす政治的・組織的大攻勢をかける。総選挙をたたかう主舞台は政党名を書く比例代表であり、選挙勝利のためには、この攻撃にひるむことなく、正面から打ち破ることが不可欠である。

③総選挙躍進への独自のとりくみ――「三つの突破点」で新しいたたかいに挑戦

「比例を軸に」を貫き、全国どこでも、党員一人ひとりが「候補者」となり、日本共産党の魅力を広げるとともに、比例代表予定候補者の魅力を党への支持につなげる努力をはらう。

総選挙のとりくみでも、若い世代、現役世代の中での、党支持を飛躍的に増やすことにとくに力をそそぐ。比例ブロック、小選挙区ごとに、若い世代、現役世代に働きかける計画を具体化し、とりくみの柱にすえる。

すべての支部・グループが得票目標・支持拡大目標を決めて、その達成のために全力をあげる。「四つの原点」にもとづいて、「支部が主役」で選挙活動をすすめる。「政策と計画」にもとづき、日常的な要求運動や宣伝対話で、日本共産党の姿が広く有権者に見える活動を発展させる。

総選挙躍進にむけ、以下の「三つの突破点」をしっかりと握り、新しいたたかい方に挑戦する。

――「声の宣伝」を「全有権者規模」に大きく発展させる。候補者、議員とともに、支部がハンドマイク宣伝、宣伝カー運行にとりくみ「こんにちは日本共産党です」の声を、街中に響かせる。この間の対話型の集いの経験もいかして、街頭での双方向・対話型宣伝にとりくむ。若い世代・真ん中世代、JCPサポーターと協力し、「シール投票」「公園対話」などにとりくむ。全国遊説を、選挙運動の節目に位置づけ、一つひとつ大きく成功させる。

――訪問での対話活動を徹底的に重視する。「折り入って作戦」を選挙勝利と党勢拡大の要の活動と位置づけ、大規模に発展させる。「しんぶん赤旗」読者、「後援会ニュース」で結びついている後援会員を二度三度と訪問・対話して、選挙での支持を広げてもらう。「こんにちは」と声をかけ、要求や困りごと、党への要望や意見を聞き、後援会ニュースや政策チラシを届けての対話をすすめる。支部に対応する後援会を再開・確立・強化する。1万8千人の「JCPサポーター」の倍加をめざす。

――「SNSに強い党」になり、ボランティア、サポーターが参加する選挙にする。SNS活用が、若い世代、真ん中世代のボランティア、サポーターを広げ、党躍進のための新しい「鉱脈」となっている。「SNS活用」に全党がとりくむ。議員・候補者のSNS発信を強化し、党機関と選対は、若い世代、真ん中世代の力も借りて、候補者・議員をサポートする「SNSチーム」をつくる。支部と党員はLINE活用で、候補者の情報を広げ、「対話と支持拡大」「折り入って作戦」にとりくむ。

④地方選挙での前進と世代的継承のとりくみ

わが党の地方議員は、日常不断に草の根で住民と結びつき、住民の利益を守り、要求にこたえて地方政治を動かすとともに、その活動を通して、日本共産党の信頼を広げるかけがえのない役割を果たしている。

地方議員選挙の目標は、現有議席を絶対確保し、議席増への挑戦、空白自治体の克服、得票目標の実現である。次の統一地方選挙では、5県の県議空白の克服、政令市の空白区の克服、現有議席の絶対確保、23年の選挙で失った議席の回復とともに、新たな議席に挑戦する。都道府県ごとに「議席占有率」「議案提案権」「空白克服」の目標を具体化し、早期に地方議員第1党の奪還をめざす。

24年の沖縄県議選、25年の東京都議選での現有議席の絶対確保と、議席増への挑戦を重視する。わが党の国政選挙での躍進のきっかけは、東京都議選の躍進にあった。国政選挙、全国の地方選での躍進につなげるために全党の課題としてとりくむ。

首長選挙では、「オール与党」体制が主流のもとでも、「市民と野党の共闘」の流れがあり、新たな共闘・共同を党として追求する。24年の東京都知事選挙は、都政の転換とともに、国政にも重要な影響を与えるものとして重視する。

地方議員の世代的継承は、全党が力を結集してとりくむべき死活的課題の一つである。党機関、支部が力を合わせて、若い世代・真ん中世代の党員拡大にとりくみ、後継候補者の擁立のための系統的努力をつよめる。

若い世代、真ん中世代の議員は700人を超え、党歴の短い地方議員も増えている。党員としての成長、地方議員としての成長の援助が求められている。党機関が、学習の援助、政治指導を重視し、議員団（会議）の確立に責任をもつ。全党がヒューマニズムとリスペクト（敬意）の精神で地方議員を支える気風をつくりあげる。若い世代・真ん中世代の地方議員の「学習・交流会」を、中央、都道府県委員会で継続して開催する。配達・集金などでの過重負担の解決や休暇の保障などを、党全体の課題としてとりくむ。

第3章　党建設——到達と今後の方針

(11) 多数者革命と日本共産党の役割

社会進歩の事業のなかで共産党が果たすべき役割は何か、それを実行するためにはどういう組織をつくることが求められるか——これらの角度から、つよく大きな党をつくることの根本的意義を明らかにしたい。

①不屈性と先見性を発揮し、革命の事業に多数者を結集する

日本共産党は、綱領で、日本の社会変革をすすめるうえで、つぎの三つの立場を一貫して堅持して奮闘することを明らかにしている。

第一は、社会の段階的発展の立場である。つまり社会というのは、その時どきの直面する矛盾を解決しながら、一歩一歩、階段を上がるように、段階的に発展するという立場である。綱領は、日本が直面する変革は、異常な対米従属と大企業・財界中心の政治を根本から変革し、「国民が主人公」の日本をつくる民主主義革命であるとし、この革命をやりとげたのちに、社会主義的変革に進むことを規定している。

第二は、多数者革命の立場である。すなわちこの階段のどの一段も、あらかじめの選挙で示された国民多数の意思にもとづいて上がっていくということである。

第三は、統一戦線の立場である。社会発展のあらゆる段階で、思想・信条の違いを超えて、直面する矛盾を解決するための一致点で、国民の多数を統一戦線に結集して、社会変革を進めるということである。

この三つは一体のものである。

そして、それは緊急に直面している諸改革、民主主義革命、さらに社会主義的変革にいたるまでの社会変革のどの段階でも一貫して堅持していく基本的立場である。

ここで重要なことは、この多数者革命のなかで共産党は何をやるのか、なぜ共産党が必要なのかという問題である。民主主義革命にしても、社会主義的変革にしても、その主体は、主権者である国民の多数者であって、国民の多数者が、自らのおかれている客観的

立場を自覚し、どこに自分たちを苦しめている根源があるのか、その解決には何が必要かを理解し、日本の進むべき道を自覚してはじめて、革命は現実のものになる。それは「長い間の根気強い仕事」（エンゲルス）が必要となる。

この仕事は、支配勢力の妨害や抵抗とたたかい、それに打ち勝つことなしにはできない。それは綱領にも「民主連合政府の樹立は、国民多数の支持にもとづき、独占資本主義と対米従属の体制を代表する支配勢力の妨害や抵抗を打ち破るたたかいを通じて達成できる」と明記しているとおりであり、また私たちが日々体験していることである。

国民多数を結集し、民主的変革を担うのは、独立、民主主義、平和、生活向上を求めるすべての人々による統一戦線である。綱領は、日本共産党は先頭に立って統一戦線を推進する役割を果たさなければならないこと、そのためにはつよく大きな党を建設することが決定的な条件となることを強調している。

どんな困難にも負けない不屈性、科学の力で先ざきを明らかにする先見性を発揮して、国民の自覚と成長を推進し、支配勢力の妨害や抵抗とたたかい、革命の事業に多数者を結集する――ここにこそ日本共産党の果たすべき役割がある。

②民主集中制の組織原則を堅持し、発展させる

日本共産党が、国民の多数者を革命の事業に結集するという役割を果たすためには、民主集中制という組織原則を堅持し、発展させることが不可欠である。

民主集中制の「民主」とは党内民主主義のことであり、「集中」とは統一した党の力を集めることをさしている。

民主的な討論を通じて決定されたことは、みんなでその実行にあたる――行動の統一は国民に対する公党としての当然の責任であり、それをどの程度まで実行しているかは別にして、どの党であれ行動の統一を党のルールとしている。

同時に、多数者革命を推進する革命政党にとっては、民主集中制は、死活的に重要な原則である。行動の統一ができないバラバラな党で、どうして支配勢力による妨害や抵抗を打ち破って、国民の多数者を結集する事業ができるだろうか。

わが党の民主集中制の原則は、外国から持ち込まれたものでなく、１００年余の自らの歴史と経験を踏まえて築かれたものである。旧ソ連・スターリンによる干渉によって、党の分裂という危機に至った「50年問題」、旧ソ連、中国（毛沢東派）の覇権主義による激しい干渉との闘争で、わが党は民主集中制を党の生死にかかわる原則として打ち立て、全党の血肉にしていった。この原則なしには、今日の党は影も形もなかっただろう。わが党は、これからもこの原則をしっかり堅持し、発展させる。

わが党を「異論を許さない党」「閉鎖的」などと事実をゆがめて描き、民主集中制の放棄、あるいはこの原則を弱めることを求める議論がある。しかし、党の外から党を攻撃する行為は規約違反になるが、党内で規約にのっとって自由に意見をのべる権利はすべての党員に保障されている。異論をもっていることを理由に組織的に排除することは、規約で厳しく禁止されている。党のすべての指導機関は、自由で民主的な選挙をつうじて選出されている。これらの党規約がさだめた民主的ルールは、日々の党運営において厳格に実行されている。わが党が民主集中制を放棄することを喜ぶのはいったい誰か。わが党を封じ込め、つぶそうとしている支配勢力

にほかならない。わが党は、党を解体に導くこのような議論をきっぱりと拒否する。

同時に、わが党は、民主集中制を、現代にふさわしい形で発展させることを追求する。この間、とりくんできた、双方向・循環型の党運営は、草の根で国民と結びついた党組織の自発的創意と、中央委員会・各級党機関の積極的イニシアチブを、相互に発揮しあい、交流し、学びあいながら前途をひらくものであり、この努力をさらに豊かに発展させていく。統一した方針のもとに団結しながら、党員一人ひとりの個性や多様性、条件を尊重し、大切にしていくことも、さらに重視しなければならない。ジェンダー平等とハラスメント根絶のための自己改革にとりくんできたが、この点でもわが党のなかになお存在している弱点を克服し、国民多数から信頼される党に成長していくために、あらゆる努力を重ねていく決意である。

（12）第28回党大会・第二決議（党建設）にもとづく党づくりの到達点

前大会から4年、全党は第28回党大会・第二決議（党建設）の次の「五つの目標」を掲げて党建設に力を注いできた。

①党員拡大と、「しんぶん赤旗」読者拡大を、持続的な前進の軌道に乗せ、第28回党大会時比１３０％の党をつくる。

②青年・学生と労働者、30代～50代など、日本社会の現在とこれからを担う世代のなかで党をつくることに特別の力を注ぎ、この世代で党勢を倍加する。同盟員の倍加を掲げている民青同盟の建設を、党と民青の共同の事業としてやりとげる。

③空白の職場・地域・学園や、社会のさまざまな分野で活動する人たちのなかに党の支持をひろげ、党をつくる。

④新入党員の成長が保障され、一人ひとりの初心、可能性が生きる党をつくる。

⑤すべての党員が、党綱領と科学的社会主義を学習し、誇りと確信をもって党を語れるようになる。

いま全党は、4年間の努力と奮闘の総仕上げとして、「第29回党大会成功、総選挙躍進をめざす党勢拡大・世代的継承の大運動」にとりくんでいる。

前大会以降、第二決議が掲げた党員と「しんぶん赤旗」読者の「３割増」、青年・学生、労働者、30代～50代の世代での「党勢倍加」を、わが党はひとときもその旗を降ろすことなく追求し続けている。

世界中を揺るがした新型コロナ危機は、人と人との接触を避けることを余儀なくされる点で、党活動・党建設にとっても重大な困難をもたらしたが、党は国民と党員の命と健康を守りながらの党活動を開拓し、党づくりを中断させず、努力を重ねた。

２０２１年総選挙以降、党の綱領と規約、組織のあり方や党指導部に対して支配勢力による激しい攻撃が行われたが、わが党は果断かつ的確にたちむかい、理論的・政治的反撃をつくすとともに、この攻撃を党勢拡大の前進ではねかえす気概をもって党づくりにとりくんできた。

党勢拡大の現時点の到達点は、この4年間の党建設の努力を通じて、これまでに1万4千人を超える新たな党員を迎えてきたが、わが党は党員現勢での長期の後退から前進に転じることができていない。「赤旗」読者拡大でも、現時点では、長期にわたる後退傾向を抜本的な前進に転じることには成功していない。

今大会期の党建設の評価は、党大会までの全党の奮闘によって決まることになるが、この間の全党の奮闘によって、次の二つの点で前進をつくりだす足がかりをつくっていることをみんなの確信にして、党大会に向け奮闘したい。

第一は、双方向・循環型の活動の新たな開拓である。

党は、この新しい活動のあり方を、前党大会の第二決議にもとづき4年間の活動で一貫して重視してきたが、とくに２０２３年の活動は重要である。

２０２３年1月に開催した7中総は、「１３０％の党」をつくるために全党の支部・グループのみなさんへの「手紙」を送り、これにこたえて5割を超える支部・グループから中央に「返事」が寄せられた。6月に開催した8中総は、全国から寄せられた「返事」から、支部が直面している悩みを受け止め、教訓を学び、六つの点で法則的活動の開拓をともにはかることを呼びかけた。8中総決定にもとづいて、中央として一連の全国会議を開催し、中央と地方・支部が互いに学び合い、前途を開拓する活動を発展させた。10月に開催した9中総では、こうしたとりくみの教訓を踏まえ、支部・グループに「第二の手紙」を送り、それにこたえた奮闘が全党で展開されている。

このとりくみは、現在進行形だが、中央と地方・支部が双方向・循環型で困難を打開し、前途を開くとりくみを徹底的に追求するなかでこそ、つよく大きな党づくりの道は開ける――このことはすでに明らかではないか。党大会にむけて、「第二の手紙」をすべての支部で討議・具体化するとりくみをトコトンすすめ、この事業を花開かせ、実を結ばせよう。その成果に立って、党大会後も、双方向・循環型の党建設の努力・開拓をいっそう発展させよう。

第二は、世代的継承のとりくみの意識化である。

党の未来を築く道はここにしかない。この思いは、この4年間、第二決議を受けて、全党のなかでかつてなく強まり、新しい前進の芽が生まれている。

青年・学生、労働者、30代～50代の真ん中世代という3分野で、「党勢倍加」をめざして系統的・戦略的なとりくみが開始され、党の世代的継承にむけた足がかりをつくりだしていることは、今後に生きる重要な変化である。

民青同盟が、同盟員のいない地域や学園でも新たな組織をつくる活動に意気高くとりくみ、力強い組織的前進を開始した。2年連続で全国大会で掲げた目標をやりとげ、２０１９年12月からの「倍加」を達成することが確実となっていることは大きな希望である。学生党組織が長年にわたる党勢の後退から前進に転じることができたことは重要である。

職場支部が、困難を抱えながらも〝支部の灯を消してはならない〟と新たな気概をもって党づくりに立ち上がり、党員拡大数の後退傾向から維持・前進へのきざしが生まれていることも重要である。

党のなかで大きな比重をしめる地域支部が、地方議員と協力して、若い世代、真ん中世代の要求をつかみ、結びつきを出し合い、働きかけていく変化が生まれている。

もとより世代的継承の事業は緒についたばかりである。しかし、この事業の自覚化がかつてなく強まりつつあることは重要である。この流れを党大会にむけて大きく発展させよう。その成果のうえに立って、大会後も、「ここから党の未来を築く」という決意で、世代的継承の事業のさらなる発展をかちとろう。

4年間の努力と奮闘にたって、「大運動」の目標総達成にあらゆる力を注ぎ、第29回党大会を歴史的成功に導こう。

（13）前大会以降の教訓をふまえた党建設の強化方向

党建設の基本方針は、党規約と第22回大会以降の一連の諸決定で明確になっている。とくに第28回党大会・第二決議（党建設）を、引き続き党づくりの基本方針にすえることが重要である。「変化する国民、新しい運動、新しい層に目を向け、足を踏み出す」「一人ひとりの党員の初心と可能性が生きる党になる」「ともに学び、ともに成長する姿勢で、入党を働きかける」「『楽しく元気の出る支部会議』の努力を発展させる」「『しんぶん赤旗』を守り、発展させる」「党への誇り、変革への確信あふれる党をつくる」など、第二決議の根本精神ともいうべき内容を全党のものとし、引き続き党づくりの土台にすえることを訴える。

同時に、第二決議にもとづく法則的活動の開拓・探究と、党勢拡大の独自追求をどのように一体的に前進させるか、とくに党の世代的継承でさらなる飛躍をどうはかるかは、全党が突破すべき重要な課題となっている。

前大会以降の教訓をふまえて、次の活動の強化を呼びかける。

①党員拡大の日常化――前大会以降の独自追求の教訓を生かして

第二決議にもとづく実践では、党建設の根幹である党員拡大を「支部が主役」の運動にしていくことに、たえず目的意識的な努力を重ねてきた。その努力は、まだ全党的な党勢の前進には実っていないが、党員拡大を前進の軌道に乗せていくための独自追求の法則的あり方が、全党の実践をつうじて開拓されてきた。前進している党組織から次の教訓を学び、党員拡大の日常化をはかろう。

――党員拡大をたえず支部会議の議題にし、〝困難があるからとあきらめれば党の先はなくなってしまう〟〝困難は党員拡大で突破するという構えでとりくむ〟という、今日の党の現状に引き寄せた党員拡大への真剣な議論を行っていることが、支部が踏み出す契機となっている。

――党の側から働きかけの対象を狭めず、思い切って広く入党を訴えていくとりくみが一貫して重視されてきている。要求活動、後援会活動、機関紙活動など、支部のあらゆる活動のなかで党員拡大を追求するとともに、入党について話し合うことを目的にした入党懇談会、ミニ「集い」を気軽に開いていることが力となっている。

――「入党の働きかけに失敗はない」「一回一回の働きかけに大切な意味がある」との第二決議の呼びかけにこたえ、支部や党機関で、一回一回の入党の働きかけ自体を評価し、「あなたに入ってほしい」と正面から訴えるチャレンジを励ましあっている。

――過去、新入党員を迎えてもその初心を生かしきれなかった経験を見つめなおし、「楽しく元気の出る支部会議」への改善、学習と成長の努力と一体に党員拡大を追求している。

これらを、ゆるがず追求し、発展させるならば、党員拡大を支部の運動にし、「支部が主役」の党員拡大の大きな流れをつくることは必ずできる。開拓してきた党員拡大の日常化の努力を貫き、党勢の前進へと実らせよう。

②世代的継承を党づくりの目標・実践の中軸にすえ、全党あげてとりくもう

党の現状、世代的構成に照らして、青年・学生、労働者、30代～50代のなかでの「党勢倍加」は、党の現在と未来がかかった死活的課題となっており、第二決議の他の目標を実現させるうえでも、とりわけ重視すべき目標となっている。党の世代的継承を、党づくりの目標と実践の中軸にすえ、「党勢倍加」をやりとげよう。

――（青年・学生）8中総の「特別決議」――「5年間で『数万の民青』『1万の青年・学生党員』実現へ党の総力をあげよう」は、若者のなかで大きな党と民青をつくる「歴史的時期」を迎えていることを解明し、5年間で「数万の民青」「1万の青年・学生党員」をめざす「5カ年計画」をつくり、その実現へ党の総力をあげることを呼びかけた。

２０２３年9月に開かれた全国都道府県・地区委員会青年・学生担当者会議は、全国での民青同盟の前進、学生党組織の前進を反映して、明るさはじける会議となり、「特別決議」実践の第一歩として大きく成功した。

「特別決議」の提起――①すべての都道府県・地区委員会が「5カ年計画」をつくり、青年・学生分野への援助を具体化し実践にふみだす、②青年・学生党支部と民青同盟への援助で、党綱領と科学的社会主義の学習の援助を最優先の中心課題にすえる、③地域支部、職場支部、地方議員のもつ結びつきと力を生かす、④青年・学生分野への党機関としての援助体制を強化する、⑤突破口として、党と民青の倍加を実現する――に党の総力をあげてとりくもう。

高学費と貧弱な奨学金による学生生活の困窮、非正規ワーカーの劣悪な待遇をはじめ、青年・学生の苦難は、戦後最悪となっている。岸田政権の大軍拡、ウクライナ侵略とガザ危機のもとで、青年・学生の平和への願いが高まっている。暮らしと平和の問題で、党としてたたかいを起こしながら、若者のなかで党と民青をつくろう。

青年・学生分野で今、最も重視すべき課題は、民青の援助とともに、青年・学生党員の拡大を前進・飛躍させることである。世代的継承の党づくりにとって、青年・学生党員の拡大こそ、一番の土台となる。また、民青同盟のなかで党員を増やすことは、民青同盟の継続的・持続的発展にとっても決定的な力となる。青年・学生党員拡大の一大飛躍をまき起こそう。

前進を開始した民青同盟を、継続的なより大きな前進につなげていくための党の援助が強く求められる。民青同盟との懇談では、この間の組織的前進は、幹部同盟員が先頭に立っての奮闘によって支えられており、それを班の自覚的運動にしていくことが課題であり、この点での党の援助が要望された。全国に約５００ある民青班の一つ一つに対し、党が学習をはじめとする親身の援助を行うための体制をつくることが重要である。

――（職場）職場の矛盾が激化し、労働者のたたかいが広がるもとで、職場支部の存在意義は、これまでにも増して大きくなっている。

２０２３年9月に開催した「職場支部学習・交流講座」は、各分野の職場支部が一堂に会して、職場支部の存在意義を確かめあい、〝このかけがえのない灯を大きくしたい〟〝仕事、運動、党活動は「三輪車」。この気持ちで党をつくりたい〟という決意に満ちた交流となった。また、〝現役労働者にどう働きかけ信頼関係を築いていくか〟〝現職党員を中心にした支

部活動をどうつくるか〟が多くの支部の切実な課題になっているもとで、全国1900の職場支部から寄せられた「手紙」の「返事」を手がかりに、職場での党づくりの生きた実践方向を明らかにするものとなった。「職場講座」の豊かな内容を、支部も党機関もまるごと生かし、職場支部での党勢拡大・世代的継承をすすめよう。

第二決議では、空白の職場での党づくりをめざし、労働者を党に迎えた際、働いている職場に党支部がない場合は、その職場に党をつくる展望をもって、党機関と当面所属する支部がよく相談をし、新入党員の成長と活動の場を保障することを提起した。この本格的挑戦はこれからの重要な課題である。

党機関として地域支部に所属している労働者党員の実態をつかむとともに、退職党員の経験と知恵を、地域支部で入党した労働者党員への援助に役立ててもらい、労働者党員と退職党員、党機関が協力して、新たな職場支部をつくるとりくみに挑戦しよう。そのためにも退職党員の転籍を、新たな職場支部づくりに貢献する任務としても位置づけ、正面から追求しよう。

――（真ん中世代）暮らしや子育ての負担軽減、ジェンダー平等など、30代～50代の真ん中世代の切実な要求実現の運動にとりくみながら、党勢拡大の独自追求をはかる「車の両輪」の活動が広がっている。選挙ボランティアの組織やJCPサポーター・候補者サポーターの活動の発展に、地方議員と地域支部が協力してとりくみ、結びつきを広げ、入党や「しんぶん赤旗」購読を働きかける努力が始まっている。地域支部・地方議員、党機関が協力し、30代～50代に党をつくるとりくみを、本格的な全党的とりくみにしていくことを呼びかける。

新しい党員を迎えるとともに、すでに党のなかにいる真ん中世代の党員の力を引き出すことが重要である。党機関が、地域支部、職場支部にいる党員の学習と交流の場をもつことで、この世代の党員が自覚を高め、同世代に働きかける活動に踏み出す力になるとともに、所属する地域支部や職場支部の活動の活性化につながる経験が、前大会以降全国に広がった。この努力をいっそう強め、世代的継承の力にしていこう。

③今日における「しんぶん赤旗」中心の党活動の生命力と課題

「しんぶん赤旗」読者拡大で持続的前進をはかっている党組織では、①「しんぶん赤旗」をよく読んで活動する、②見本紙を活用した「お試し作戦」などで、要求活動、後援会活動の結びつき、党員のつながりを生かして新しい読者を広げる、③配達・集金活動をみんなで支えあい、読者との結びつきを強める努力を行うなど、党建設の基本方針として確立してきた「しんぶん赤旗」中心の党活動を貫いている。それが、党建設の根幹である党員拡大での前進につながっていることも重要な教訓である。

2023年9月に開催した「配達・集金・読者との結びつき交流会」は、利便性や効率、デジタル化ばかりが追求されている社会の中で、現代においても紙の「赤旗」が党と国民とを結ぶかけがえのない役割を果たしていることが共通の確信となった。また、機関紙活動の前進への手がかり、ヒントを学びあい、困難打開への新たな決意を広げる交流会となった。

機関紙活動は、最も苦労が多い活動であり、粘り強さ・継続性・献身性が求められる活動だが、巨大メディアの多くが真実を伝えず、権力の監視役としての仕事を放棄しているもとで、国民の多数を変革の事業に結集するという日本共産党の役割を果たすうえで、その中心にすえられるべき重要な活動である。このかけがえない役割に深く確信と誇りをもち、「しんぶん赤旗」中心の党活動を発展させ、「赤旗」の発行と配達・集金活動の危機を打開し、この活動を未来に発展的に引き継ごう。

「しんぶん赤旗」電子版で党と国民との結びつきを広げ、電子版読者との協力・共同を広げることを、今日の条件にふさわしく発展させ、強力に推進する。中央委員会として、より広い方々、「電子版なら読める、読みたい」という方々に「しんぶん赤旗」を広げるために、日刊紙の電子版をより積極的に位置づける制度改革にとりくむとともに、日曜版の電子版の実現に向けた準備をすすめる。電子版の改革と一体に、電子版読者と結びつき、ともに力をあわせる活動を探究しよう。

④綱領、規約、党史、科学的社会主義の一大学習運動にとりくもう

学習・教育活動は、激動する内外情勢を的確につかみ、綱領的・世界観的確信をもって活動するうえでも、支配勢力の激しい攻撃に揺るがず前進する党をつくるうえでも、党の質的強化の中心にすえられるべき重要な課題である。すべての支部と党員が、党綱領、党規約、党史、科学的社会主義の一大学習運動にとりくむことを呼びかける。

「学習・教育を後回しにせず、時間をとって優先的にとりくむ」気風を全党につくることを訴える。前大会以降、『改定綱領学習講座』、『新・綱領教室』、『日本共産党の百年』、党創立100周年・101周年の記念講演など、改定綱領と党史にかかわる重要必読文献が発刊されている。独習を基本にすえ、これらを本格的に学ぶ大会期にしよう。今日のわが党への攻撃は、党綱領とともに、党規約にもとづく組織のあり方を焦点にして行われている。党規約と党建設論を、党機関とともに支部でも学習しよう。

科学的社会主義の学習を、学習・教育活動の重点の一つにすえよう。2019年から発刊が始まった『新版資本論』は、21年までに全12冊が刊行された。科学的社会主義の事業における党の理論的貢献となった『新版資本論』と『「資本論」全三部を読む　新版』の学習に挑戦しよう。

県・地区党学校を、4課目（綱領、科学的社会主義、党史、党規約と党建設）で開催することを重視し、自前の講師団を確立して計画的にとりくもう。

⑤週1回の支部会議を確立しよう

党規約は、支部会議を「原則として週一回定期的にひらく」（第40条3項）と明記している。週1回の支部会議の確立は、支部が「政策と計画」をもち、地域、職場、学園で、要求実現の活動をすすめつつ、党勢拡大の独自の努力をはかり、前進・発展していく要をなす課題である。新入党員の初心と可能性を大切にし、支部での人間的連帯を強め、みんなが学習し成長できる「楽しく元気の出る支部会議」をつくるうえでも、支部会議を週1回開催することが何よりの土台となる。

党員の生活サイクルにそくして、必要な場合には昼班、夜班にわけて会議を開催するなど、みんなの条件をつくして週1回の支部会議を定例化しよう。会議に参加できなかった同志にも支部ニュースを届けるなど、連絡・連帯網をつくりあげよう。

⑥党費を根幹とする党財政の確立を

党の100年余の歴史は、自前

の党財政を築く営々とした努力に支えられてきた。「財政活動の4原則（党費、機関紙誌事業、募金、節約）」の独自の努力を強めよう。

新たに発行した「党費のしおり」は、党費が、一人ひとりの党員の初心や生き方を大切にして活動する意思を示すものであり、党財政を根幹から支えるものであることをわかりやすく示している。党勢拡大、世代的継承の党づくりと一体に、すべての支部と党機関が「しおり」を討議し、全党員が党費を自覚的に納める党になろう。

すべての支部で財政係を決め、自治体・行政区、補助指導機関に財政担当者を配置して財政活動を強めるとともに、地区委員会に非常勤を含む複数の財政部を確立し、正確な実務を遂行しよう。

専従活動家は全党と日本社会の宝である。若い専従者をはじめ、新たな専従者の抜てきをはかるためにも、機関財政の確立・強化をはかろう。給与・休暇を含む活動条件の改善を全党で支えよう。

⑦三つのスローガンで、党機関の活動強化をはかろう

支部の力を引き出していくうえでも、党の世代的継承を果たすうえでも、中間機関の体制と活動の強化は急務となっている。第二決議を指針にしながら、三つのスローガンで党機関の活動強化をはかることをよびかける。

――「双方向・循環型で支部を援助する党機関になろう」

7中総以来の「手紙」と「返事」のとりくみで生まれつつある双方向・循環型の活動を発展させるためには、党機関がこの活動にふさわしいイニシアチブを発揮することが強く求められる。支部の「返事」をしっかり読み、支部への指導・援助の方向について集団的に討議し、〝まずここから踏み出したい〟という支部の意欲を励まし実践に踏み出す援助、〝なかなか展望が見えない〟という悩みや困難を受け止め、一緒に解決していく援助など、双方向・循環型の党活動を推進する党機関のイニシアチブを開拓・発展させることを呼びかける。

「支部に入れない」という悩みもある。党機関の体制強化、機関役員の指導力量の向上とともに、いまある力で支部への指導・援助を強めるため、支部長会議の頻度や内容の工夫、地区役員での支部指導の経験交流を大事にしよう。

――「政治的・思想的に強い党機関になろう」

党づくりを前進させている党組織では、「わが地区・わが都道府県をこう変える」という大志とロマン、現状の困難に負けない党づくりへの気概、自ら決めた目標への執念と機関役員の団結をつくりだす、政治的・思想的に強い党機関への成長の努力がはかられている。政治的激励、思想的援助の両面で、指導性を発揮できる党機関をつくっていこう。

県・地区委員会総会の出席率を上げるとともに、目標や方針に納得のゆくまでとことん論議する党機関での時間をとった政治的・思想的討議を重視しよう。綱領、科学的社会主義、党史、規約と党建設論などの学習を、党機関から系統的に行い、みんなで学習し成長する党機関になろう。中央は、中央党学校をはじめ、機関役員の学習と成長を支えるための各種講座を系統的に開催する。

――「若い世代、女性役員が生き生き活動し成長する党機関になろう」

党機関の体制強化と世代的継承は切実な課題となっている。党機関役員の若い世代、真ん中世代、女性の比率を高めるための努力をうまずたゆまず行おう。ベテランも新人もともに活動し、成長を支え合う民主的な会議運営、若い機

関役員、新しい機関役員が、失敗をおそれず挑戦し、学習と実践のなかで自信をつけられる党機関になろう。

第4章　世界資本主義の矛盾と科学的社会主義

(14) 世界資本主義の矛盾の深化と社会主義への期待の広がり

前大会で行った綱領一部改定では、世界資本主義の諸矛盾を明らかにするとともに、そのなかでも、「貧富の格差の世界的規模での空前の拡大」「地球的規模でさまざまな災厄をもたらしつつある気候変動」の二つを、世界的な矛盾の焦点として特記した。

この二つの大問題は、新型コロナ・パンデミックのなかで顕在化し、いよいよ深刻化している。〝資本主義というシステムをこのままで続けていいのか〟という声が、さまざまな形で起こり、社会主義への新しい注目、期待が広がっている。

空前の規模での格差拡大……貧富の格差が、パンデミックを経て空前の規模で拡大している。「世界不平等研究所」が２０２１年12月に発表した調査によれば、コロナ前の２０１９年から２０２１年にかけて、世界で２７５０人前後の「超富裕層」が資産を４００兆円以上増やす一方、1億人が極度の貧困状態に陥った。上位1%に世界全体の資産の38%が集中し、下位50%の資産は2%にすぎない。

国際NGO「オックスファム」は23年1月、２０２０年以降に新たに生じた世界の富、42兆ドル（約５３６０兆円）のうち、26兆ドル（約３３２０兆円）が富裕層上位1%に集中し、富裕層は、1日あたり27億ドル（約３４４５億円）もの資産を増やしているという報告書を発表した。富裕層と1日2・15ドル以下で暮らす極度貧困層が同時に増加している現在の傾向は、過去25年で初めてだと告発している。

気候危機の深刻化……気候危機が、人類の前途をおびやかしている。世界各地で、異常な豪雨、台風、山林火災、干ばつが頻発し、猛暑、海面上昇が止まらない。

23年7月、グテレス国連事務総長は、観測史上最も暑い7月となったことを報告し、「地球温暖化の時代は終わった。地球沸騰化の時代が到来した。もはや空気は呼吸するのに適していない。暑さは耐え難い。そして化石燃料で利益をあげて気候変動への無策は容認できない」と、厳しい言葉で告発した。

国連気候変動枠組み条約の事務局は同年9月、世界の気候変動対策の進捗《しんちょく》状況について、世界の平均気温の上昇幅を産業革命前から1・5度に抑える国際目標の達成に向けた「窓は急速に狭まっている」とし、気温上昇をおさえるために「あらゆる分野におけるシステムの変革が必要」と指摘した。

気候危機の打開は、資本主義のもとでも最大の努力が求められる緊急の課題だが、それは同時に、その根本にある「利潤第一主義」の資本主義システムそのものの是非を鋭く問うものとなっている。

社会主義への期待……貧富の格差の拡大への怒りをつのらせ、その解決への行動にとりくむ人々、気候危機を憂え、運動にとりくむ人々のなかから、資本主義の枠内での改革にとどまらず、資本主義そのものの「システム・チェンジ」を模索する動きが、国内外で広がっている。

2022年秋に米国・英国・カナダ・オーストラリアの4カ国を対象にした世論調査（各国約1千人、世論調査会社レジェ・マーケティングほか）では、「社会主義は理想的な経済体制か」という設問に対し、18歳～34歳では、4カ国すべてで「同意」が「不同意」を上回った。「自国の社会主義への移行は経済や市民の幸福を向上させるか」という設問には、すべての国で「同意」が半数を超え、「不同意」を大きく引き離すという結果が出た。

「社会主義の復権」ともいうべき新しい期待が、とりわけ若い世代の間で起こっていることは、人類の未来をうつしだすものである。

(15)「人間の自由」こそ社会主義・共産主義の目的であり特質

こうした状況にかみあって、わが党綱領が明らかにしている未来社会論――社会主義・共産主義の魅力を、広く伝えていく活動に力をそそぐことを訴える。

わが党綱領が明らかにしている社会主義・共産主義の社会は、資本主義社会がかかえる諸矛盾を乗り越え、「人間の自由」があらゆる意味で豊かに保障され開花する社会である。「人間の自由」こそ社会主義・共産主義の目的であり、最大の特質である。

――「利潤第一主義」からの自由……資本主義のもとでは、生産の目的・動機が、個々の資本の利潤をひたすら増やすことに置かれることによって、さまざまな社会の害悪をつくりだす。個々の資本家の手にある生産手段を社会の手に移す「生産手段の社会化」によって、生産の目的・動機が、資本の利潤の最大化ではなく、社会と人間の発展にかわるならば、すなわち「利潤第一主義」から自由になるならば、この害悪は根底からとりのぞかれる。

長時間過密労働で人々の健康と生命がむしばまれ、不安定雇用によって人間の「使い捨て」が横行するという〝生きた人間の浪費〟は一掃される。今日の労働の非人間的な性格は大きく変わるだろう。くりかえされる不況や恐慌、気候危機という人類生存の危機までもたらしている資本主義特有の浪費型経済――「大量生産・大量消費・大量廃棄」の社会は、過去のものとなるだろう。人間と自然との調和のとれた発展をめざす「社会的理性」が十分に働く社会となるだろう。

――人間の自由で全面的な発展……未来社会における「自由」は、「利潤第一主義」からの自由にとどまるものではない。労働時間の抜本的短縮によって、「人間の自由で全面的な発展」が可能となる。ここに未来社会の最大の特質があり、真の自由の輝きがある。マルクス、エンゲルスが、若い時期から生涯を通して追求し続けた人間解放の内容――「各人の自由な発展が、万人の自由な発展の条件であるような一つの結合社会」（『共産党宣言』）にこそ、わが党がめざす未来社会の内容がある。労働時間が抜本的に短縮され、自由な時間が十分に増えるならば、すべての人間が自分の能力を自由に存分に発達させることができるようになる。人間の自由で全面的な発展によって、社会全体がさらに大きく発展する好循環がもたらされるだろう。

資本主義のもとで、開花されずに埋もれていた多くの人々の潜在的な力が全面的に発展し、それが人間社会の飛躍的な発展へとつながっていく——ここにこそ社会主義・共産主義の未来像の一番の輝きがある。

——**発達した資本主義国の巨大な可能性**……発達した資本主義の国から社会主義・共産主義をめざす社会変革の道は、人類にとって未踏の道である。この道は、「人間の自由」という点でも、はかりしれない豊かな可能性をもっている。

それは、資本主義の発展のもとでつくりだされる五つの要素——（1）高度な生産力、（2）経済を社会的に規制・管理するしくみ、（3）国民の生活と権利を守るルール、（4）自由と民主主義の諸制度と国民のたたかいの歴史的経験、（5）人間の豊かな個性——を引き継ぎ、開花させた社会である。

旧ソ連も、中国も、遅れた状態——これらの諸要素が存在しないか、不十分な状態から革命が出発したという歴史的制約にくわえ、指導者の誤りともあいまって、「人間の自由」に逆行するさまざまな否定的現象が生まれた。

しかし、資本主義が発展した日本が社会主義・共産主義の道に踏み出すならば、まったく違う素晴らしい可能性が開けてくる。わが党綱領は、日本における社会主義・共産主義は、資本主義の時代に獲得した自由、民主主義、人権、個性が豊かに引き継がれ、開花することを固く約束し、旧ソ連や中国のような「一党制」や人権抑圧を絶対に起こさないことを明記している。その保障は綱領上の公約にとどまらず、発達した資本主義を土台にして革命を進めるという事実のなかにある。

私たちは、「日本共産党」の名がいよいよ輝く時代に生きている。その名を高く掲げ、人類の未来にむかって前進しよう。

第5章　1世紀の歴史に学び、新たな1世紀に向かおう

（16）党史『日本共産党の百年』編纂《へんさん》の意義

わが党は、2023年7月、党史『日本共産党の百年』を発表した。また党創立100周年記念講演（22年9月）、党創立101周年記念講演（23年9月）において、100年の政治的、理論的、組織的到達点にたった党史論を内外に明らかにした。

日本共産党の100年余の歩みは、大局において、平和、民主主義、人権、暮らしなど、さまざまな面で国民の苦難を軽減し、日本

の社会進歩に貢献し、世界史の本流に立ってそれを促進した歴史である。『百年』史は、この1世紀にわたる日本の政治史、世界史のなかで日本共産党がどういう役割を果たしたかを明らかにしている。

同時に、わが党の歴史のなかには、さまざまな誤りや歴史的な制約もあった。党は、それらに事実と道理にもとづいて誠実に向き合い、科学的社会主義を土台としてつねに自己改革を続けてきた。『百年』史では、わが党の過去の欠陥と歴史的制約についても、何ものも恐れることのない科学的精神にもとづいて、国民の前に明らかにしている。

歴史への貢献と、自己分析性の両面で、100年に及ぶ一貫した党史を語ることができる党は、世界を見渡してもそうはない。わが党が、1世紀にわたる党の真実の歴史を総括し、新たな1世紀に向かう展望を国民の前に明らかにしたことは、日本と世界の社会変革の事業の前途をひらくうえで、歴史的意義をもつものである。

(17) 党史を貫く三つの特質――次の100年でさらに発展を

100年余におよぶ党の開拓と苦闘の歴史には、今日と未来に生きる三つの特質が貫かれている。

第一は、どんな困難があっても国民を裏切らず、社会進歩の大義をつらぬく不屈性である。戦前、他のすべての政党が解散して「大政翼賛会」に合流し、侵略戦争推進の立場にのみ込まれていくなかで、党は、命がけで国民主権と反戦平和の旗を掲げ続けた。多くの先輩たちが迫害で命を落としたが、その主張は、戦後の日本国憲法の「国民主権」「恒久平和」などの諸原則に実った。党の戦前の不屈のたたかいの歴史は、今日、軍事力増強と憲法9条改悪、侵略戦争を美化する歴史逆行の新たな危険が生まれているもとで、アジアと世界との友好・信頼の基盤として、かけがえのない値打ちをもっている。

第二は、科学的社会主義を土台に、不断の自己改革の努力を続けてきたことである。その最大のものは、戦後、旧ソ連のスターリンによる乱暴な干渉により、党が分裂するという最悪の事態にいたった「50年問題」を乗り越える過程で、自主独立の路線――自らの国の社会進歩の運動の進路は、自らの頭で考え、どんな大国でも干渉や覇権は許さないという路線を確立したことだった。わが党は、自主独立の路線を土台に、綱領路線を確立し、その発展をかちとっていった。自主独立の路線は、今日、アメリカ、ロシア、中国など、どんな国であれ覇権主義を許さず、国連憲章にもとづく平和の国際秩序をつくるという、わが党の外交路線の確かなよりどころともなっている。

第三は、国民との共同――統一戦線で政治を変えるという姿勢を貫いたことである。わが党は、1961年の綱領確定後、どんな情勢の展開のもとでも、一党一派で政治を変えるのでなく、統一戦線の力で政治を変えるという立場を、一貫して探求・発展させてきた。わが党は、この8年余、「市民と野党の共闘」の力で政治を変えるという新しい挑戦に踏み出しているが、これは統一戦線の力で政治を変えるという一貫した方針を、今日の状況のもとで大胆に発展させたものである。

これらの党史を貫く三つの特質を、次の100年に向けても揺るがず堅持し、豊かに発展させよう。

(18) 迫害や攻撃とたたかい、自らを鍛え、成長をかちとった歴史

日本共産党の100年の歩みは、古い政治にしがみつく勢力から、つねにさまざまな非難や攻撃にさらされ、それを打ち破りながら、自らの路線、理論、運動、組織の成長をはかっていく、生きた攻防のプロセスの連続だった。その歴史には、順風満帆な時期、たんたんと成長した時期はひと時としてない。つねにさまざまな迫害や攻撃に抗しながら、自らを鍛え、成長させ、新たな時代を開く――「たたかいの弁証法」とよばれる開拓と苦闘の100年だった。

戦前、わが党は党創立のはじめから天皇制権力によるくりかえしの迫害や弾圧をうけ、それに命がけで抗しながら、その路線と運動、組織を発展させた。弾圧に抗して党機関紙「赤旗」を発行し、労働運動、農民運動、文化運動、理論活動などにとりくみ、その影響力は、1920年代末の2度の大弾圧を経た30年代初頭に戦前では最大になった。党中央の機能が破壊されたのちも、各地での活動や獄中・法廷での闘争が続けられ、専制政治と侵略戦争に反対する旗を毅然《きぜん》として守り、次の時代を準備するたたかいを続けた。どんな弾圧と迫害をもってしても、最後まで天皇制権力はわが党をつぶすことはできなかったのである。

戦後、わが党は、「50年問題」という最悪の危機を乗り越えるなかで、自主独立の路線とともに、今日につながる綱領路線・組織路線を確立した。党は、スターリンが押し付けようとした武装闘争方針をきっぱりと否定し、議会の多数を得ての革命の路線を確立し、「アメリカいいなり」「財界中心」の政治を根本からただす民主主義革命を行い、さらに国民多数の合意で社会主義にすすむという、当時、世界において他にない独自の路線をうちたてた。

綱領路線の確立後も、わが党の歩みはたんたんとしたものではなかった。この60年余に、日本共産党は、3回にわたって国政選挙での躍進を経験したが、そのたびに日本共産党の躍進を恐れた支配勢力は、集中的な日本共産党攻撃と政界の反動的再編でこたえ、それとのたたかいで党は鍛えられながら、新たな前進と成長をかちとる――「政治対決の弁証法」と呼ぶべきたたかいの連続だった。

幾多の試練にたちむかい、成長と発展をとげた党の100年の歴史は、私たちが現在直面している困難や試練に対して、どういう姿勢でたちむかい、どう成長をはかっていくのか、大局的展望をつかみ、今日と未来にむかってたたかう深い励ましとなっている。

(19) 党の歴史的発展段階と党建設の意義

いまわが党はどういう歴史的地点に立っているか。『百年』史と二つの記念講演は、わが党の歴史的発展段階を明らかにしている。

この100年の歴史を通じて、党は、先人たちの苦闘、全党の奮闘によって、世界的にもまれな理論的・政治的発展をかちとってきた。ソ連・中国の二つの覇権主義との闘争のなかで、また日々ぶつかる日本と世界の諸問題とのきりむすびのなかで、党は、マルクス・エンゲルスの本来の理論を探究・復活させ、綱領路線の発展にとりくんだ。その内容は、世界でも他に例のない先駆的で誇るべき

ものである。

党は、組織的にも時代にそくした成長と発展のための努力を続けてきた。民主集中制を分かりやすく定式化するとともに、党の組織と運営の民主主義的な性格をいっそう明確にした規約改定を行い、双方向・循環型の活動の開拓と発展の努力を続けてきたことはその重要な内容である。

同時に、党は、１９８０年代以降、長期にわたる党勢の後退から前進に転ずることに成功していない。ここにいまあらゆる力を結集して打開すべき党の最大の弱点がある。その要因には、過去の一時期、党員拡大を事実上後景においやるという主体的要因もあったが、最大の要因は、わが党を政界から排除する「日本共産党をのぞく」の壁がつくられたこと、わけても90年を前後しての旧ソ連・東欧の旧体制の崩壊という世界的激動と、これを利用した熾烈《しれつ》な反共攻撃の影響があった。

しかしいま私たちは、これらの障害をのりこえて、党勢を長期の後退から前進に転じる歴史的チャンスの時期を迎えている。自民党政治のゆきづまりが内政・外交ともに極限に達している。「こんな政治でいいのか」という深い問いかけが、国民のなかで起こっている。世界に目を転じるならば、年々深刻になる気候危機と地球環境の破壊、新興感染症の多発、貧富の格差の深刻な拡大が国際社会の緊急の課題となり、「資本主義というシステムをこのまま続けていいのか」という問いかけが起こっている。

大局的・客観的に見るならば、日本はいま新しい政治を生み出す〝夜明け前〟とも言える歴史的時期を迎えている。同時に、どんなに客観的条件が成熟しても、社会を変える主体的条件をつくらなければ、社会は自動的には変わらない。〝夜明け〟をひらく最大の力となり、保障となるのが、つよく大きな日本共産党の建設である。

わが党は、科学的社会主義の本来の生命力を現代に全面的に生かし、世界と日本の情勢の正確な分析のうえに、未来への科学的展望をさししめす党綱領をもっている。それは、日本の現状の民主的打開の展望を示すとともに、社会主義・共産主義社会の本来の魅力と輝きを国民に伝える力をもつものである。

１万７千の支部、26万人の党員、90万人の「しんぶん赤旗」読者、２３００人を超える地方議員を擁し、他党の追随を許さない草の根の力に支えられ、今日の時代にふさわしい民主集中制の組織原則で結ばれた党組織をもっている。

党綱領に結実したわが党の理論的・政治的到達点、党規約で結ばれた草の根の組織の力、『百年』史に刻まれた平和・民主主義・暮らしのために献身してきた歴史を広く国民に語り広げるならば、党づくりの立ち遅れを打開し、日本の未来をひらくつよく大きな党をつくる道は必ず開かれる。

新たな1世紀にむけて、つよく大きな党をつくる仕事にとりくみ、日本の〝夜明け〟を開こう。

（「しんぶん赤旗」２０２３年11月15日付）

第10回中央委員会総会

志位委員長のあいさつ

2023年11月13日

みなさん、おはようございます。中央役員のみなさん、全国の同志のみなさんの連日のご奮闘にたいして、心からの敬意と連帯のメッセージを送ります。私は、幹部会を代表して、総会へのあいさつを行います。

第10回中央委員会総会の任務

第10回中央委員会総会の主要な任務は、来年1月15日から開催される第29回党大会の決議案を提案することにあります。この間、常任幹部会として、田村智子副委員長を責任者として大会決議案起草委員会を設置し、大会決議案作成の作業にあたってきました。昨日の幹部会で常任幹部会が提案した大会決議案が審議され、修正のうえ決定されました。幹部会を代表しての大会決議案の提案報告は、田村副委員長が行います。

党大会まで2カ月という時点で、「党勢拡大・世代的継承の大運動」の到達点と方針を明確にし、全国の経験を学びあって、目標総達成に向けて最後まで奮闘しぬくための固い意思統一をはかることも、この中央委員会の重要な任務であります。幹部会を代表しての「大運動」推進の訴えは、小池晃書記局長・「大運動」推進本部長が行います。

この中央委員会総会が、大会決議案を中央委員会の英知を集めて練り上げ、発表し、全党討論の開始を呼びかけるという大仕事をやりとげるとともに、「大運動」成功のための突っ込んだ議論を行い、この運動の一大跳躍台となるよう、中央役員のみなさんの率直で活発な討論を心から訴えるものであります。

声明「ガザでのジェノサイドを許すな」にもとづくとりくみ

緊急に国際社会が対応を迫られている問題について、一言述べておきたいと思います。

イスラエルの大規模攻撃によって、パレスチナ・ガザ地区できわめて深刻な人道的危機が起こっています。日本共産党は、11月6日、声明「ガザでのジェノサイドを許すな――ガザ攻撃中止と即時停戦に向けての各国政府への要請」を発表し、各国政府と国際機関などに送付し、申し入れと懇談の活動を始めています。

わが党がこうした行動をとったのは、ガザの人道的危機がジェノサイドの重大な危険という一刻の猶予も許されない事態に陥っていること、にもかかわらず日本政府が、米国の顔色をうかがい、イスラエルの国際法違反の無法行為を批判せず、国際社会の多数が求める「即時停戦」「休戦」に背を向ける情けない態度をとっているという現状を踏まえてのものであります。こうしたもとで、世界で最も進んだ恒久平和主義を明記した憲法を持つ国の一政党として、直接、国際社会に働きかける責任があると考えました。

わが党の声明に対して、各国大使館、国連の人権部門、国際NGO、国内の専門家・知識人から、現在の危機の性格を的確に分析し、その歴史的背景を明らかにし、打開にむけた理性的な方策を示した内容だとして、歓迎と連帯の声が寄せられています。ある著名な知識人からは、わが党の声明に対して、「正しい歴史認識、正しい現状認識で、この世界的歴史的不幸を解決する唯一の道」を示しているとして「全面的に賛成」という評価も寄せられたことを報告しておきたいと思います。

全国のみなさん。100年余の歴史を通じて、一貫して平和と人権を守り抜いてきた党として、ガザでのジェノサイドを止めるために、国内外であらゆる力を尽くす決意を、総会の意思として確認しようではありませんか。

改定綱領の生命力を明らかにし、綱領路線をさらに豊かに発展させる大会に

みなさん。来たるべき第29回党大会は、日本と世界の進路にとって、またわが党の未来にとって、歴史的意義をもつ大会となります。

私は、それを三つの角度から強調したいと思います。

第一に、第28回党大会で行った綱領の一部改定が、この4年間の情勢の激動のもとで、どういう生命力を発揮しているかを明らかにし、綱領にもとづく世界論、日本改革論、未来社会論をさらに豊かに発展させる大会となるようにしたいと思います。

この間、世界では、ロシアのウクライナ侵略と、パレスチナ・ガザ危機という二つの重大な逆流が起こりましたが、改定綱領に明記した「どんな国であれ覇権主義は許さない」「国連憲章にもとづく平和の国際秩序を築く」という立場は、わが党がこれらの逆流に的確に対応し、理性的な打開策を示す確かな土台となっています。

また、改定綱領は、「植民地体制の崩壊と百を超える主権国家の誕生という、二〇世紀に起こった世界の構造変化は、二一世紀の今

日、平和と社会進歩を促進する生きた力を発揮しはじめている」ことを明らかにしていますが、この4年間は、逆流との激しいせめぎあいのなかで、そうした「生きた力」がさまざまな形で発揮された4年間となりました。

核兵器禁止条約の発効、東南アジア諸国連合（ASEAN）を中心とした平和の地域協力の前進、人権問題の前進と植民地支配・奴隷制の歴史的責任を明らかにする動きなど、複雑な逆流のなかでも、人類史を前に進める未来ある流れが発展しています。こうしたなかで、日本共産党が、綱領を力に、東アジアに平和を創出する「外交ビジョン」の提唱など、未来ある流れを促進する積極的役割を果たしていることは重要であります。

また、改定綱領が、世界的規模での「ジェンダー平等を求める国際的潮流」の大きな発展に注目するとともに、「ジェンダー平等社会をつくる」ことを、「日本社会が必要とする民主的改革」の主要な項目の一つとして明記したことは、きわめて重要な意義をもつ改定となりました。それは、この4年間、国内外で、「女性の世界史的復権」とも呼べる歴史的な大激動が起こっているもとで、わが党が、この流れに連帯し、この流れを促進する役割を果たすうえで、大きな力を発揮しています。

いま一つ、改定綱領は、「発達した資本主義国での社会変革は、社会主義・共産主義への大道」という命題を書き込み、人類が誰も歩んだことのないこの道の開拓が、はかりしれない豊かな可能性をもつことを明らかにしました。

この改定は、「人間の自由で全面的な発展」を未来社会論の核心にすえた2004年の綱領改定を土台に、わが党綱領の未来社会の展望を、国民にさらに分かりやすく示していくうえで、重要な改定となっています。

全国のみなさん。来たるべき党大会を、改定綱領の生命力、それにもとづく活動を全面的に明らかにし、私たちの綱領路線を豊かに発展させる大会にしていこうではありませんか。

直面する総選挙での躍進をはじめ日本共産党の反転攻勢の狼煙をあげていく大会に

第二に、来たるべき党大会を、「アメリカいいなり」「財界中心」という二つのゆがみをもつ自民党政治と国民との矛盾が極限に達していることを明らかにするとともに、このゆがみに正面からメスを入れる日本改革の展望を、綱領を土台にして太く指し示し、直面する総選挙での躍進をはじめ日本共産党の反転攻勢の狼煙《のろし》をあげていく大会としていきたいと思います。

岸田・自公政権への国民の批判と不信の声が日増しに高まり、政権末期に近い様相を呈しています。

物価高騰のもとでの国民の生活苦になすすべがない「経済無策」、平和も暮らしも押しつぶしての大軍拡への暴走をはじめとする「問答無用」の政治にたいして、国民の怒りが集中していますが、これらは、岸田首相個人だけの問題ではありません。「アメリカいいなり」「財界中心」という古い政治にしがみついたままでは、外交でも経済でも日本政治のかじ取りを行うことがもはや不可能となっている――自民党政治が丸ごと深い矛盾と破綻に陥っていることをまざまざと示すものにほかなりません。

こうした状況のもとで、外交でも、経済でも、国民が希望がもてる抜本的打開策を示している党は、日本共産党をおいて他にありません。

来たるべき党大会では、わが党が、こうした希望ある提案を示すことのできる根本に、異常な対米従属・財界中心の政治を打破し、「国民が主人公」の日本をめざす綱領路線の生命力が脈打っていることを、全面的に明らかにし、新たな躍進の時代への道を開く大会にしていきたいと思います。

わが党は、この4年間、前党大会の決定を踏まえ、「市民と野党の共闘」の成功、野党連合政権の実現に向けて、力いっぱいたたかってきました。私は、この挑戦は、「政治を変えたい」という国民の声にこたえた大義ある挑戦だったと確信するものであります。

支配勢力の妨害や抵抗によって、共闘には困難も持ち込まれていますが、日本の政治を変える道は共闘しかないというわが党の立場にいささかも変わりはありません。党大会では、わが党が「市民と野党の共闘」の道に踏み出した2015年から今日までの8年余の中間総括に立って、今後の展望を明らかにしたいと思います。

同時に、自民党政治の行き詰まりを打開し、日本の情勢を前向きに打開する最大の力となるのは、政治を「もとから変える」変革の党——日本共産党の躍進であり、総選挙では、その実現を最優先の課題とし、最大の力を集中したたたかいを展開します。

総選挙に向けた方針では、共闘の再構築に可能な努力をはらいつつ、「比例を軸に」に徹し、いかにして日本共産党の躍進を実現するかを、前面に打ち出した方針を明らかにしていきたいと思います。

全国のみなさん。来たるべき党大会を、日本共産党の「第四の躍進」に道を開く大会として、大成功させようではありませんか。

党勢の後退傾向にピリオドを打ち、新しい上げ潮に転ずる歴史的大会に

第三に、来たるべき党大会を、長期にわたる党勢の後退傾向にピリオドを打ち、新しい党勢拡大の上げ潮へと転ずる、歴史的大会にしていきましょう。ここにこそ、第29回党大会の最大の歴史的意義、歴史的使命があるということを、私は強調したいと思います。

そして、そうした歴史的大会にすることができるかどうかは、これから党大会までの2カ月間の「党勢拡大・世代的継承の大運動」にかかっていることを心から訴えたいと思います。

今大会期の党建設の評価と教訓は、党大会までの全党の奮闘によって決まることになりますが、現時点で「前進をつくりだす足掛かり」としてみんなの確信にし、党大会にむけて大きく発展させていきたいこととして、二つの点を強調しておきたいと思います。

第一は、双方向・循環型の活動の発展であります。

今年1月の7中総は、全党の支部・グループにあてて「130%の党」をつくることを呼びかけた「手紙」を送り、半数以上の支部・グループから「返事」が寄せられています。それを踏まえて10月の9中総では、「第二の手紙」を送りましたが、この手紙もたいへん真剣に受け止められ、大きな威力を発揮し、「第二の手紙」を力にした前進が、全国各地の支部から広がりつつあります。このとりくみを徹底的に推し進めることにこそ強く大きな党をつくる唯一最大の活路があります。

双方向・循環型の党建設の努力を、党大会にむけて広げに広げようではありませんか。

「大運動」の目標という点では、昨日、福岡県から党員拡大の拡大数で前回大会時を回復、突破したといううれしい報告があったことをお伝えしたいと思います。すべての党組織が、「１３０％の党」をつくるという目標を最後まで掛け値なしに追求し、前回大会時の回復・突破というハードルを一刻も早く越えるために力をつくそうではありませんか。目標達成の確固たる構えと一体に、「第二の手紙」を文字通り全支部で討議・具体化し、大会に向けた「大運動」を文字通り全支部・全党員の運動に発展させるためにあらゆる手だてをつくそうではありませんか。

第二は、世代的継承のとりくみの意識化であります。

第28回党大会の第二決議（党建設）を受けて、この4年間、党の現在と未来にとって死活的なこの課題での意識的なとりくみが強まり、さまざまな前進の萌芽がつくりだされています。民青同盟が力強い組織的前進を開始していることは、私たちの大きな希望であります。世代的継承の意識的なとりくみの強まりは、8月から9月に開催した、若い世代、職場支部、真ん中世代などを対象にした一連の会議にも生き生きと反映されました。

全国のみなさん。この前進の萌芽を、党大会に向けて大きな流れへと発展させ、来たるべき党大会を、若い、新鮮な息吹であふれた大会にしていくために、全力をあげようではありませんか。

「大運動」のとりくみは現在進行形であり、大会決議案の党建設の章は、一部、未完の章となっています。

大会決議案のこの章では、「多数者革命と日本共産党の役割」と題する最初の項で、社会進歩の事業のなかで共産党が果たすべき役割は何か、それを実行するためにはどういう組織をつくることが求められるかを、「そもそも論」に立ち返って明らかにする重要な内容が提起されています。

そのうえで決議案は、この4年間の党づくりの到達点と強化方向を明らかにしていますが、この章は、「大運動」の到達と成果を踏まえて、さらに充実させられることになるでしょう。次の党大会期に、私たちが、どういう党建設の目標にいどむか、それを達成するためにどういう方針を重視していくかは、「大運動」の到達と成果を踏まえて、党大会で決定していくようにしたいと思います。

党大会の成功は、一にも二にも「大運動」の成功にかかっている

全国のみなさん。来たるべき党大会の成功は、一にも二にも、「大運動」の成功にかかっています。

「大運動」を必ず成功させ、党大会を、わが党の党勢を、党員拡大でも、「しんぶん赤旗」読者拡大でも、党の質的建設の強化という点でも、新しい本格的前進に転ずる歴史的大会とするよう、全力をあげて奮闘しようではありませんか。

第29回党大会を、日本共産党の１００年余の誇りある歴史を踏まえ、次の１００年に向かう最初の大会として大成功させることを呼びかけまして、あいさつといたします。

（「しんぶん赤旗」２０２３年11月14日付）

第10回中央委員会総会

第29回党大会決議案
田村副委員長の提案報告（冒頭部分）

2023年11月13日

幹部会を代表して、第29回党大会決議案の報告を行います。

決議案は、五つの章、19の項で構成されています。まず、決議案全体の構成と各章の特徴について報告します。

第1章は、「国際情勢と改定綱領の生命力」です。

なぜ国際情勢から入るのか。戦争と平和をめぐる世界の大激動は、日本の国内情勢に大きくかかわっています。第2章で述べる、安全保障にかかわる問題でも、人権をめぐる問題でも、国際情勢をどうとらえるのかを明確にしてこそ、日本共産党が国内で正確なたたかいを展開することができます。

ロシアのウクライナ侵略戦争、パレスチナ・ガザ危機、軍事対軍事の悪循環という世界の逆流に、わが党が、改定綱領を力にどのように対応してきたか。大逆流に抗する世界の平和の流れ、世界の本流が、どのように発展しているか。これらを第1章で明らかにしています。

第2章は、「自民党政治のゆきづまりと日本共産党の任務」です。岸田政権の支持率が急落していますが、その根底には、自民党政治の深刻なゆきづまりがあります。安全保障と外交では、敵基地攻撃能力の保有と大軍拡という、アメリカいいなり、軍事一辺倒の政治が、日本の平和と国民の暮らしを危うくしています。経済と暮らしでは、「失われた30年」ともいわれる、長期にわたる財界の利益最優先の政治が、経済停滞と暮らしの困難をもたらしています。

これに対し、日本共産党の「外交ビジョン」、「経済再生プラン」という綱領路線にもとづいた改革提案が、自民党政治のゆきづまりと鮮やかな対照をなし、多くの国民にとっての希望の道となっている。このことが、全党の確信になるものと思います。

　来たるべき総選挙で、自民党政治をもとから変える、日本共産党をなんとしても躍進させましょう。

　第3章は、「党建設――到達と今後の方針」です。今大会期の党建設の評価は、大会までの全党の奮闘によって決まることになりますが、前進の足掛かりとなる教訓、これを踏まえた強化点を示しました。

　注目してほしいのは、第3章の冒頭の項、「多数者革命と日本共産党の役割」です。わが党の綱領は、多数者の意思にもとづく、社会の段階的発展という立場に立っていますが、日本共産党の役割は、「多数者革命の実現のために、国民の多数者を結集する」ことにあることを明らかにし、そのためには民主主義と行動の統一――民主集中制が大切になることを、太く明らかにしています。そして日本共産党の根本的役割とのかかわりで、つよく大きな党をつくる意義を明らかにしました。こうしたまとまった叙述は、新しいものであり、大会に向かう大運動にとっても大きな力になるものと思います。

　第4章「世界資本主義の矛盾と科学的社会主義」は、日本共産党のめざす未来社会が、いよいよ輝く時代であることを示しました。

　社会主義・共産主義の本来の目的・特質は、「人間の自由」にあることを、①「利潤第一主義」からの自由、②「人間の自由で全面的な発展」、③発達した資本主義国での社会変革が「人間の自由」とのかかわりでも壮大な可能性をもつ、という三つの角度から特徴づけています。

　第5章は「1世紀の歴史に学び、新たな1世紀に向かおう」です。党史『日本共産党の百年』と、二つの党創立記念講演は、わが党の１００年の歴史の積み重ねが、綱領に結実し、今日、その生命力を発揮していること、１００年の不屈のたたかいによって、わが党が鍛えられ成長していることを示しました。この核心を大会決議案にも書き込みました。

　4章・5章は、いわばセットで、今日のわが党の歴史的到達点に立って、未来社会への豊かな展望、綱領、組織原則、歴史を広く国民に語りひろげるならば、つよく大きな党をつくる道は必ず開けると、高らかに宣言したものです。

　新たな1世紀に向けて、つよく大きな党をつくる仕事にとりくみ、日本の〝夜明け〟を開こうではありませんか。

（「しんぶん赤旗」２０２３年11月16日付）

第10回中央委員会総会

「大運動」の目標達成で歴史的党大会を成功させよう

小池推進本部長の訴え

2023年11月13日

いよいよ来年1月15日の党大会初日まで、あと64日間となりました。本総会の討論を経て、党大会決議案が発表されることになります。

こんどの党大会の成功は、大会決議案を全党討論で練り上げるとともに、なんといっても「大運動」を成功させ、党勢の長期の後退に終止符を打ち、党づくりの歴史的飛躍のなかで大会を迎えられるかどうかにかかっています。第8回中央委員会総会以来、4カ月あまりにわたってとりくんできた「大運動」の目標達成へ、持てる力を総発揮することを、心から訴えるものです。

「党勢拡大・世代的継承の大運動」——今こそ飛躍の時

「大運動」の到達点を報告します。

党員拡大では、ほぼ止まっていた運動を起動させ、「大運動」に入ってから2755人の新しい党員を迎えました。10月は、「大運動」に入って最高の680人の入党申し込みとなりました。

新たに入党されたみなさんに、ここで、心から歓迎のあいさつを送ります。

同時に、党員拡大で、まだ現勢

での前進という水準の運動にもなっていないことを直視し、とりくみを一大飛躍させることがどうしても必要です。

「しんぶん赤旗」読者拡大については、10月は、拡大数では「大運動」に入って最高となり、成果支部率も今年3月以来7カ月ぶりに3割を超えましたが、目標には依然として距離を残しています。9中総で指摘したように「党員拡大を前進させつつ、読者拡大でも前進をはかることは、突破すべき重要な課題」であることを重ねて強調しなければなりません。

民青が、全国大会で掲げた２０００人の拡大目標を超過達成し、２０１９年12月からの倍加を果たそうとしていることは、大きな希望です。青年・学生党員の拡大、職場支部での党づくりでも、この間の一連の会議や講座を力にして、前進への足がかりがつくられていることは重要なことです。

4カ月あまりのとりくみで、前向きの変化は全国どこでも生まれています。「手紙」と「返事」を軸にした双方向・循環型のとりくみ、世代的継承のとりくみの自覚化など、前進から飛躍に転ずる土台をつくりだしてきています。

そのすべてを確信にし、土台にして、今こそ飛躍をかちとるときです。

党大会にむけ、私たちの目標である「１３０％の党」を揺るがずめざしつつ、その「最初のハードル」である前党大会時の回復・突破を、全国の支部・グループで、地区で、都道府県で、一つひとつ広げ、必ずや運動の一大飛躍をかちとろうではありませんか。

激動の情勢と「大運動」成功の政治的・組織的条件

この「大運動」が、どういう政治的・組織的条件のもとでの運動になっているか。そこをつかんで頑張りぬくことが、飛躍をつくりだすカナメとなっています。「大運動」成功への大きな条件、可能性に確信をもって奮闘することをよびかけるものです。

第一に、情勢の潮目に前向きの変化がおこり、そのもとで、わが党の先駆的役割が際立っていることを強調したいと思います。

イスラエルによるガザでの大規模攻撃に、多くの人々が心を痛め、即時停戦を求める国民の行動が広がっています。党本部には、現在までに１５００万円を超える人道支援募金がよせられています。志位委員長が先ほどのあいさつで述べたように、わが党は、11月6日に声明を発表し、各国政府と国際機関に届けて懇談をすすめています。

「ジェノサイドの重大な危険」と現在の事態を的確に告発し、ガザ危機を引き起こした歴史的背景の分析に立って、打開のための理性的な提案を行っている党のとりくみに、新しい信頼が広がっています。西日本のある県では、選挙ボランティアで党とつながった、民間大企業で働く30代の女性が、ガザの事態に心を痛め、「争いを一刻も早くとめたい。日本共産党はこの問題を必ず取り上げている。私が入党することで何かできることがあるなら」との思いで決意したという報告が届いています。

大会決議案が示すように、わが党が、逆流に抗して平和と社会進歩のための働きかけができるのは、21世紀の世界を科学的にとらえた綱領をもち、自主独立の歴史的たたかいの蓄積があるからにほかなりません。それは、岸田政権が、この世界的大問題を前にして、アメリカの顔色をうかがい、なんの役割も果たせないでいること、鮮やかな対照をなしています。

いまこそ、平和と人権を守り抜く党としての真価を発揮し、国民の運動を大きく発展させるために力をあわせようではありませんか。

岸田政権の内政の行き詰まりも深刻です。一回きりの所得税減税には6割が賛成せず、内閣支持率の低下が止まりません。政権の末期的な姿がいよいよあらわになっています。この間の国会論戦のなかで、わが党の「経済再生プラン」の値打ちが、自民党政治による「失われた30年」を打開する抜本的改革の提案として際立っています。大軍拡は具体化をすすめればすすめるほど、国民の平和・憲法・暮らしの願いと相いれない矛盾が噴き出しています。財界中心・アメリカ言いなりの政治のゆがみをもとから正す、わが党ならではの論戦と提案が光る情勢が鮮明になっています。

岸田自公政権の打倒へ、そして総選挙躍進へ、街頭での声の宣伝や署名、募金活動で国民のなかにうってでることと結んで、党勢拡大をすすめようではありませんか。

第二に強調したいのは、「手紙」と「返事」のとりくみが、全党に新しい決意、活力をよびおこしていることです。

今度の大会にむかう党勢拡大の運動は、近年の党大会前の運動にはない、飛躍への土台をきずいています。それは、1年間におよぶ「手紙」と「返事」のとりくみで、支部と中央、支部と党機関が双方向・循環型で学びあい、みんなが心一つに頑張る運動になりつつあるからです。

私たちは、今年1月の7中総で「手紙」を発表し、それにこたえ5割を超える支部から「返事」がよせられました。さらに8中総では「返事」から学んで党づくりの六つの法則的発展方向を明らかにするとともに、支部の悩みにこたえるさまざまな交流会を開くことを決めて、党づくりの教訓、ヒント、手がかりを、互いに学びあってきました。9中総では「第二の手紙」を出し、支部の思いに心をよせつつ、「六つの挑戦」をよびかけ、これがいま大きな力を発揮しつつあります。中央と支部とが双方向・循環型で心を通わせ、党大会にむかう開拓的運動にとりくんできたことに、確信を持とうではありませんか。

わが党は、全党が一つになって党づくりの事業にとりくむ組織的条件を発展させてきました。これまでの「手紙」と「返事」にもとづく努力と開拓のすべてを生かし、7中総以来の活動の総仕上げとして、頑張りぬこう。このことを全党のみなさんに心からよびかけるものです。

どう飛躍をつくりだすか——打開の道は、全支部運動、全党員運動にある

それでは、「大運動」の最終盤にどうやって飛躍をつくりだすか。打開の道はただ一つ、徹底的に全支部の運動、全党員の運動にしていくことにほかなりません。

行動する支部が増えてきたとはいえ、毎月、入党の働きかけに踏みだしている支部は2割弱、読者拡大でも3割にとどまっています。これを過半数にすれば間違いなく飛躍は起こります。全党の運動にするならば、必ず目標達成の展望が切り開かれます。

すでにこれまでの「大運動」で、党員、日刊紙、日曜版で、前党大会時を回復・突破している地区、

自治体・行政区が生まれています。支部でいえば、党大会時回復や「130％」の党を達成している支部は少なくありません。もう間近だという支部もかなりあります。目標まで距離があるように見えた支部でも、働きかけてみたら次々入党者を迎えることができ、1カ月で3人、4人と迎えた支部も生まれています。そういう支部が、全党のすみずみに広がるならば、残る期間でまったく違う水準の運動は、必ずつくりだせるはずです。

　支部・グループのみなさん。党員、日刊紙、日曜版で、「わが支部・グループ」の党大会時回復の目標、「130％」をめざす目標の到達はどうか、それをやりぬく条件がどう生まれているか、支部員のみんなの自覚にし、力をあわせようではありませんか。

　党機関のみなさん。支部・グループごと、自治体・行政区ごとの目標はどうなっているか、目標を揺るがず正面にすえて激励し、援助しましょう。目標突破の支部・グループ、自治体・行政区を次々つくっていくために、党機関も一緒になって力をつくそうではありませんか。

全党運動をつくりだす「三つのカギ」を訴える

　どうやって全党運動をつくりだすか。私は「三つのカギ」を訴えたいと思います。

　第一に、発表される大会決議案を政治的推進力にすることです。

　大会決議案は、激動の情勢とのかかわりで党への深い政治的確信をよび起こすものとなることは間違いありません。決議案は、綱領にそくして、平和にたいする逆流とたたかい、世界史の希望ある本流を促進するわが党の先駆的な立場、平和の国際秩序をきずく展望を示しています。自民党政治の行き詰まりの根本に異常な対米従属、財界中心政治があることを大局的見地から明らかにし、わが党の新たな躍進の時代をひらく方途を全面的に示しています。「多数者革命と日本共産党の役割」という大きな角度から、党建設の意義を太く明らかにし、全党の奮闘に学んで党づくりの発展方向を明らかにしています。資本主義の行き詰まりとわが党の未来社会論のもつ素晴らしい魅力、党の100年余の歴史をふまえた歴史的発展段階を明らかにしています。それらは全体として、この間の反共攻撃との関係でも、全党が自信をもって党を語る推進力となるのではないでしょうか。

　この決議案を全党員に届け、支部討議をすすめるならば、全党にみずみずしい勇気と確信をもたらすことになるでしょう。「大運動」に踏み出す政治的活力がもりもりわいてくることになるでしょう。決議案を、全党の民主的討論によって、全党の英知を結集してより良いものに練り上げながら、決議案を力に「大運動」の飛躍をつくろうではありませんか。

　11月18日の若者タウンミーティングは、改定綱領、『百年』史、発表される大会決議案などを踏まえ、志位委員長が若い世代の願いや関心にそくして語る企画となります。全党が8中総の「特別決議」と大会決議案の実践として、青年・学生を党にむかえる一大結節点としてとりくむことを訴えるものです。

　第二のカギは、「第二の手紙」で、支部の「踏みきり」、一人ひとりの党員の「踏みきり」を励ますことです。

　「大運動」での「踏みきり」を

励ます力は、決議案とともに、「第二の手紙」にあります。「第二の手紙」は、党づくりの政治的意義とともに、支部の躊躇《ちゅうちょ》やためらいにもよりそいながら、「六つの挑戦」をよびかけています。このよびかけを全ての支部に広げ、実践に足を踏み出せるかどうかが運動の成否を握っているのです。

北海道の旭川地区・末広南支部は、10月に入るまで「大運動」で1人の党員も迎えられずに苦労していた支部でしたが、10月、党員を迎え、日刊紙読者6人、日曜版読者28人を増やし、一気に党員、日刊紙、日曜版とも前回党大会時を回復・突破しました。きっかけは、支部の指導部で「第二の手紙」を3回討議し、〝岸田政権への怒り、私たちの思いを市民に伝えていくことではないか〟と議論し、支部長の決意に、ほかの支部のメンバーも背中をおされたことだったとのことです。

「第二の手紙」は支部をかえ、党員の心に響く大きな力をもっています。これを最後まで力にして、全支部運動をつくりだそうではありませんか。

第三のカギは、全党運動にするための党機関のイニシアチブです。

全支部・全党員運動をつくりだすには、党機関がどういう構えでとりくむかが決定的に重要です。先日の都道府県委員長会議では、「第二の手紙」を力に、全支部が踏み出すところまで援助の手がつくされているかどうかに、目標達成にむけての党機関の本気度が問われる試金石がある。このことを確認しました。

「大運動」に参加せずに大会を迎える支部・党員を絶対残さない決意で、討議・徹底をやりぬきましょう。これから各級党会議にむけ、支部総会も行われます。この間の決定の未討議支部を絶対に置き去りにしないで、大会決議案を届け、討議し、全支部がたちあがるまで援助しましょう。

同時に、政治的激励とともに思想的援助ができる党機関になることが重要です。この間の党建設の後退から、困難に負けてしまうという状況が少なからずあります。そのときに、党機関が引かないで、思想的な弱点を一緒になって打開するという姿勢で議論をつくし、本気の構えをつくる。そういう思想的援助をできるかどうか、党機関の姿勢が試されています。福岡県委員会は、昨日、党員拡大数で党大会現勢を突破しました。

その教訓はどこにあるか。党機関自身が、なぜ「130%の党」づくりか、自信を持って語れるようになるまで議論し尽くしたことにあります。反共攻撃に立ち向かう実践の課題としても党づくりの意義を深くつかむ。そこまで徹底して党機関で論議し、困難にひるまず、引かないで支部が前を向いて踏み出すまで頑張る。入党決意者のいない地区には、「今月必ず迎えよう」と、特別の会議を開いて励まし、やりとげてきた。そういう政治的激励、思想的援助を、党機関とその長が徹底してすすめてきたことに最大の教訓があります。

この教訓を、残る期間、すべての党機関がわがものとして学びとり、頑張りぬこうではありませんか。

全党の底力を発揮し、歴史的党大会を成功させよう

全党のみなさん。大会までは、一日一日が勝負の64日間となります。

支部も、党機関も、国政選挙を

1回たたかう以上の決意をもって、全力で「大運動」成功のための最高の臨戦態勢をとりましょう。

支部は週1回の支部会議を必ず開き、毎週、毎週とりくみを前進させましょう。

地区委員会では支部長会議を毎週開き、経験を学びあい、励まし合って、推進しましょう。

党機関は、連日集中をして活動を推進しましょう。

地方議員（団）は、目標を持ち、日々、支部のみなさんと行動しましょう。

みなさん。「大運動」の目標を必ずやり遂げ、歴史的党大会を全党員の力で大成功に導こうではありませんか。

（「しんぶん赤旗」2023年11月14日付）

第10回中央委員会総会

田村副委員長の討論の結語

2023年11月14日

討論の結語を行います。2日間で45人の方が発言をされ、文書での発言も寄せられました。大変熱心な議論となったと思います。全国のリアルタイムの視聴は3万2502人、ユーチューブの再生は3万7000回、都道府県委員会からの報告では28・5%の支部から視聴があったと報告されています。

大会決議案は、その全体が大きく歓迎されています。「決議案は一言で言って、『21世紀の共産党宣言』に値すると思った」という感想が寄せられたことも、本日の発言で紹介されました。感想や受け止めの特徴として3点述べたいと思います。

改定綱領の生命力が確信に

一つは、改定綱領の生命力が、大きな確信になっていることです。第28回党大会で、綱領の一部改定をして本当によかったという実感は、すべての発言に共通していたのではないでしょうか。世界の平和秩序に対する大逆流が起こるもとで、改定綱領と党の「外交ビジョン」の方向こそが世界の本流だ、日本共産党は平和の流れを前に進めようとかけがえのない役割を果たしている。このことが、「アメリカいいなり」、アメリカの顔色をうかがう日本政府、自民党政治との対比でもいよいよ明らかとなり、多くの市民の平和の願いにこたえるのが、日本共産党の綱領路線だと、全党の誇りと確信が広がっています。

ジェンダー平等を、世界の前向きの流れに太く位置づけ、日本の民主的改革の柱とした。この一部改定が、女性、若い世代、国民の要求と関心、熱意に応えていることが語られました。この4年間、党が市民とともに実際に政治を動かしていること、党の自己改革の努力を行ってきたことも発言の中で熱く語られました。ジェンダー平等、個人の尊厳、この分野で党がさらに魅力的な組織になり、若い世代が人生かけて入党する政党になろうということも深められました。

文書発言の中で、「女性の世界史的復権」について深めたいという要望がありました。これは、エンゲルスの『家族・私有財産・国家の起源』の中で、人類史のはじめは男女平等の社会であり、女性が男性と平等の、あるいは高い尊敬をはらわれる地位を占めていた。しかし、男性が従事する生産活動の発展にともない、私有財産がうまれるなか、「母権制」から「父権制」の社会へと変わっていったと明らかにされています。これをエンゲルスは「女性の世界史的敗北」と表現しました。その後、女性が抑圧される時代が延々と続いてきた。今、完全なる男女平等を求める巨大なうねりが起きています。この歴史的な大激動をさして、決議案では「女性の世界史的復権」ともいうべき時代という特徴づけを行いました。

強く大きな党をつくる根源的意義をつかむ

二つ目に、第3章11項の「多数者革命と日本共産党の役割」が、〝なぜ「130％の党」づくりなのか、深いところからつかむことができた〟〝強く大きな党をつくることの根源的な意義がつかめた〟など、強く大きな党づくりへの意欲を高める力となっています。

また、〝国民多数を結集することとの関係で、民主集中制がいかに大切かを深くつかめた〟〝民主集中制の組織原則が日本共産党の魅力なのだ〟という確信も広がっています。決議案を議論することが、「党勢拡大・世代的継承の大運動」の取り組みを飛躍させる力になるということが、この総会でも確認できたのではないでしょうか。

今後、この項の議論を深めるうえで、決議案が述べている「国民の自覚と成長を推進する」ということについて、若干述べておきたいと思います。

社会の発展のためには、その主体となる国民の多数者が、自らの置かれている客観的立場を自覚する。自分たちを苦しめる根源と、それを解決するには何が必要かを理解し、日本の進むべき道を自覚する。そうした国民的な自覚が成長することが必要です。

この自覚と成長は、自然には進みません。国民は、支配勢力とメディアが流す情報を日々、圧倒的に受け取っています。そういう情報にさらされている。そこからは変革の展望は見えてきません。変革の展望への自覚を妨げる、自覚を眠り込ませるような状況におかれています。また、妨害、攻撃、困難にも常にさらされます。こうした国民全体の現実におかれた状況を見れば、日本共産党が、どんな困難にも負けない不屈性、科学の力で先ざきを見通す先見性を発揮して奮闘し、国民全体の自覚と成長を推進することなしに統一戦線に国民多数を結集することはできない。このことは明らかではないでしょうか。

これは、「経済再生プラン」、「外交ビジョン」、「気候危機打開2030戦略」、あるいは「ジェンダー平等社会の実現を」という政策、こうした政策を国民に届ける。対話する。ともにたたかおうとよびかける。入党をすすめる。「しんぶん赤旗」を読んでもらう。これらすべてが国民の自覚と成長を推進する活動そのものだということも強調したいと思います。

「人間の自由」とのかかわりで社会主義の魅力を語ろう

三つ目に、綱領の未来社会論、社会主義・共産主義をめざすことが党の魅力だという強い確信、共感が寄せられていることです。

討論のなかで、１９７０年代、革新への期待というなかには、社会主義への期待もあっただろうと、のちに生まれた世代の方からの発言がありました。これは、私もまったく同じ世代で、70年代の高揚を経験していませんが、いま党で頑張っていらっしゃる主力の世代のところは、まさにこの70年代の社会主義への期待があっての入党、党活動だったということをお聞きします。

80年代に入党した愛知県の石山淳一書記長から、アフガニスタン侵略、ソルジェニツィン問題、物不足で行列ができているソ連のどこに社会主義の魅力があるのかと疑問があった。そのとき、「遅れた段階からの革命だったからだ」と理解していた。しかし、今日、中国をみれば、人権抑圧、覇権主義、独裁体制で、社会主義は自分たちに害をおよぼす体制だと若い世代が受けとめている。「中国の覇権主義や人権侵害は社会主義ではない」というだけでは、社会主義に魅力を見いだすことができない。こういう発言でありました。

決議案は、まさに社会主義の魅力はどこにあるか、「人間の自由」とのかかわりで社会主義の魅力を三つの角度から明らかにし、ここにこそ社会主義、共産主義の最大の目的があり、特質があると強調しました。

一つは、利潤第一主義からの自由です。搾取・抑圧からの自由、貧富の格差、恐慌や不況、気候など環境破壊からの自由です。

同時に、未来社会における自由はここにとどまらない。二つ目に位置付けたのは、「人間の自由で全面的な発達」です。

そして三つ目に、発達した資本主義国における社会変革は、「人間の自由」という点でも計り知れない可能性をもたらすことを明らかにしました。

こうした決議案第4章が、若い世代にとって日本共産党の根源的な魅力になるという確信が、青年・学生のなかに党をつくっていくという決意とともに、討論で語られました。

決議案の修正箇所について

ここで、決議案の修正箇所で、主な記述の変更点について報告いたします。

大きく充実をさせたのは維新の会についての記述です。大阪の山中智子市議団長からの発言で、重要な提起がされました。意見を踏まえて補強し、とくに大阪で行っている地方自治破壊、議員定数の削減、異常な競争教育、学校統廃合など、維新が自民党以上の危険な姿をあらわしているということ、同時にそれに対するたたかいで、維新も批判にさらされているということを記述しました。

次に国民運動のところで、団体名をいくつか紹介をして、自覚的民主勢力の役割について触れているところですが、自覚的民主勢力には、大変大事な役割を担っている団体はさらにたくさんありますので、「労働者、業者、医療、農漁民、女性、青年などの各層・各分野における自覚的民主勢力」と記述を改めました。

次に、総選挙の方針のところです。次の大会期では、２０２５年の参議院選挙を迎えることになります。すでに記述している東京都議選との連続選挙にもなります。選挙では、当面何よりも総選挙での躍進を正面に据えて奮闘しますが、この部分の最後に、２０２５年参議院選挙についても簡潔に記述を加えました。

その他、特に第2章の「自民党政治のゆきづまりと日本共産党の任務」に関わって多くの意見が出されました。第2章は全面的な政策集というものではないため、すべてを盛り込むことはできませんが、いくつかの点で補強をしています。米軍機の空中給油訓練の危険性、地域経済の疲弊、校則についての意見表明権、長時間労働を背景にした教員不足の問題、包括的性教育の推進など、記述を補強しています。

党大会成功へのうねりをどうつくりだすか
――「二つの全党運動」をよびかける

第29回党大会まであと63日間です。一日一日、党大会成功にむけて「大運動」の飛躍をつくりだすために、「二つの全党運動」をよびかけます。

一つは、決議案の全党討論で、全党の英知を結集して大会決議案を練り上げることです。いま一つは、「大運動」の目標達成を、全党運動でやり遂げるということです。この二つを一体的、相乗的に進めることが大切です。

最終盤の活動の方針は、小池晃推進本部長の「訴え」で明瞭ですが、全党運動をつくりだす「三つのカギ」に徹することをあらためてよびかけます。

第一のカギは、大会決議案を大運動の政治的推進力とすることです。10中総を視聴した党員からの熱い感想が、すでに大会決議案の力を示しています。大会決議案のブランケット判は、17日、金曜日に日刊紙便で全党員分が届きます。都道府県、地区、支部で、全党員に一人残らず届け切りましょう。そして、支部での討議を直ちに開始しましょう。全党討論を進めるためにも指導的同志のみなさんは、今日から1週間後、23日までに読了し、大会決議案を熱く語って、全党討論を推進することをよびかけます。

第二のカギは、「第二の手紙」で、支部と党員の「踏み切り」を励ます、ここに徹するということです。討論のなかでも、「第二の手紙」が支部を変えている、支部にこそ力がある、という経験がいくつも紹介されました。決議案の読了、討議のなかでも、「第二の手紙」で全支部・全党員が党勢拡大に立ち上がるという運動を止めない、さらに強化することを重ねて訴えます。世代的継承を握って離さず、青年・学生問題での「特別決議」を合わせて重視しましょう。

第三のカギ、全党運動にするための党機関のイニシアチブについて、10中総の討論で、党員拡大数で前党大会水準を突破した福岡県党の活動に照らして、自己分析的な発言が多数ありました。

内田裕県委員長の発言では、県常任委員会が、地区、支部の団結をつくる。この政治的激励、思想的援助を、1日もゆるむことなく継続していることが強調されました。10月11日の県委員会総会で入党決意者がゼロの4地区の地区委員長と特別の会議を持って、「130％の党」づくりは、一つの地区でもこの運動から抜け落とさせてしまったら実現は極めて困難だと丁寧に話をして、4人の地区委員長が心から納得をして、この会議後に入党者を次々と迎えた。

また、思想的援助について、真島省三県副委員長が、自らあきらめそうになる思想と日々たたかっている、自分を奮い立たせていると発言されました。10月20日の小池晃「大運動」推進本部長の訴え――〝目標をあきらめれば日本の平和の危機、国民の危機に私たちの責任が果たせません。もとから変える党、人間の自由で全面的な発展をめざす党の使命を果たせない〟という訴えを「座右の銘」として、奮い立たせているという発言は、私たち一人ひとりの党大会に向かう中央役員としての決意を奮い立たせるものだったと思います。

三つの歴史的意義を全党のものに

最後に、志位委員長があいさつで述べた党大会の「三つの意義」を全党の決意にしていくことをよびかけます。

「三つのカギ」を握って離さず、大会現勢の回復・突破を期日を決めてやり切って、「１３０％の党」づくりを揺るがずめざしていこうではありませんか。

第一に、改定綱領の生命力を明らかにし、綱領に基づく世界論、日本改革論、未来社会論をさらに豊かに発展させる。

第二に、自民党政治と国民の矛盾が極限に達しているもとで、政治のゆがみを「もとから変える」、日本共産党の反転攻勢の狼煙《のろし》をあげる。

第三に、党勢の後退傾向にピリオドを打ち、新しい上げ潮に転ずる歴史的大会にする。討論でも、「三つの意義」を地区や支部、みんなの決意にすることが、大会に向かう活動を全党運動にするために重要だということが語られました。

「三つの意義」をつかんで、第29回党大会を、「わが地区」の党大会、「わが支部」の党大会にしていこうではありませんか。

中央役員のみなさん、党大会成功の先頭に、私たち一人ひとりが立っていく。一日一日、その気概の火が大きく燃え盛っていく、そういう一日一日の活動を積み重ね、必ず第29回党大会の成功をかちとることをよびかけまして、結語といたします。

（「しんぶん赤旗」２０２３年11月16日付）

第10回中央委員会総会

志位委員長の閉会あいさつ

2023年11月14日

閉会にあたって、一言、あいさつをいたします。たいへん立派な、また科学的な大会決議案がつくられました。

この大会決議案のなかでも、「多数者革命と日本共産党の役割」、すなわち革命の事業に多数者を結集していく、そこにこそ日本共産党の役割がある、という提起に、大きな共感、確信が広がっております。

私が、閉会にあたって述べたいのは、この提起をどう「大運動」の成功に生かすか、ということであります。

討論のなかでも、この提起を受けて、「強く大きな党づくりの意義が深くつかめた」という発言がありました。「『130％の党』づくりを本当にやりぬかねばならないとの決意が固まった」との発言もありました。

さまざまな角度から、「多数者革命と日本共産党の役割」という提起を「大運動」の推進に生かしていきたいと思うのですが、私が、一つ、それに加えてみんなの合言葉にしたいことがあります。それは――「全支部・全党員を結集する党に成長してこそ、国民の多数者を結集していくことができる」

このことを合言葉にしてがんばりたいと思うんです。

私たちは国民の多数を結集して、社会変革を進めようという立場に立っています。1億2000万人の国民のなかで数千万人という人々を、この社会変革の事業に結集しようというのが私たちの志であります。この事業を推進する党が、全国の1万7000の支部、二十数万の党員が結集できなくて、どうしてその仕事ができるでしょうか。

ですから、私は、「多数者革命と日本共産党の役割」という提起を、「大運動」に生かす第一歩として、全支部・全党員を結集する党になろう、そういう党に成長しよう、こういう立場でわが党の多数者革命論を、今のたたかいに生かすようにしようじゃないかということを、訴えたいと思います。

現在、支部という点で、党員拡大に毎月足を踏み出している支部は2割弱、読者拡大では3割です。これを半分以上にすれば飛躍が起こるし、全支部にすれば目標達成の峰が見えてくる。

さらにもう一つ、そのうえで本当に「130％の党」という目標をやり切ろうとすれば、全支部運動にとどまらず、全党員運動に発展させる必要がある。こういう討論もやられたと思うんですね。ですから、文字通り、ここにトコトン徹して、あと2カ月間がんばりぬこうじゃないかということを訴えたい。

全支部運動、全党員運動にしていくうえで、大きな推進力になるのが大会決議案です。ぜひこの大会決議案を、まずは中央役員のみなさんが自分の言葉で熱く語ろうということを訴えたいと思います。昨日、田村智子副委員長が提案報告で熱く語った。これがひじょうに熱く受け止められています。中央役員のみんなで、大会決議案について、「ここが感動した」、「ここが素晴らしいと思った」、「ここが力になると思った」などなど、自分の言葉でどんどん語っていく。熱く語って、推進力にしていく。

そして、もう一つ、大事なことがある。「第二の手紙」です。これを最後の1支部まで広げていくということを、トコトンやりぬくということをもう一つの推進力にしていきましょう。「第二の手紙」が大きな力をもつことは全国のとりくみで証明ずみですが、この運動は中途なわけです。この現状を思い切って前向きに打開していく必要がある。文字通り、すべての支部に届けて、具体化して、実践する。この活動をもう一つの推進力にしていくようにしたいと思います。

こういう立場で、文字通りの全支部・全党員の結集をやりぬいて、「大運動」の目標を総達成して、大会を成功させようじゃないか。それが多数者革命への党の成長の第一歩だ、ということをみんなで合言葉にして、がんばろうじゃないかということを閉会にあたって述べまして、終わりにいたします。ともにがんばりましょう。

（「しんぶん赤旗《しんぶんあかはた》」2023年11月16日付）

第10回中央委員会総会について

2023年11月14日　日本共産党中央委員会書記局

一、日本共産党第10回中央委員会総会は11月13、14両日、党本部で開催され、中央委員180人、准中央委員26人が出席した。

一、志位和夫幹部会委員長が、幹部会を代表して「あいさつ」を行い、第29回党大会の歴史的意義――①改定綱領の生命力を明らかにし、綱領路線をさらに豊かに発展させる大会に、②直面する総選挙での躍進をはじめ日本共産党の反転攻勢の狼煙《のろし》をあげていく大会に、③党勢の後退傾向にピリオドを打ち、新しい上げ潮に転ずる歴史的大会に――を明らかにし、日本共産党の100年余の誇りある歴史を踏まえ、次の100年に向かう最初の党大会として大成功させようと呼びかけた。

一、田村智子幹部会副委員長が、第29回党大会決議案について幹部会報告を行い、冒頭5章19項からなる大会決議案の全体の構成と各章の特徴について述べたうえで、各章各項ごとに新しい解明点や強調点を詳しく報告した。

一、小池晃書記局長が、「党勢拡大・世代的継承の大運動」の政治的・組織的条件、全党運動にしていく「三つのカギ」を明らかにし、「大運動」の目標達成で歴史的党大会を成功させようと訴えを行った。

一、総会では、「あいさつ」と第29回党大会決議案、「大運動」目標達成への「訴え」の内容を一括して討論し、45人が発言した。

一、山下芳生幹部会副委員長が、党大会代議員の選出基準、全党討論の手順などについて提案し、総会はこれを承認した。

一、田村智子副委員長が、幹部会を代表して討論の結語を行った。

一、総会は、「あいさつ」と第29回党大会決議案、「大運動」目標達成への「訴え」、結語を全員一致で採択した。

一、志位和夫委員長が、「閉会あいさつ」を行った。

一、総会は、第29回党大会決議案を全党討論で練り上げ、「大運動」の目標総達成へ全力をあげることを誓い合って閉会した。

（「しんぶん赤旗」2023年11月15日付）

—MEMO—

9784530017233
978-4-530-01723-3
C0031 ¥364E
定価400円(本体364円+税)

19

客注
書店CD: 187280 24
コメント: 0

受注日付: 241203
受注No: 126107
ISBN: 9784530017233
1/1
61
ココからはがして下さい

文

日
第
202 /〒151-8586 東京都渋谷区千駄ヶ谷4-26-7
Te
印

定期雑誌・既刊書案内
http://www.jcp.or.jp/web_book/